Mein Vater kannte das Geheimnis

BRIAN PROCTOR

Originaltitel: My Father Knew the Secret: Growing Up with Bob Proctor

Erstausgabe 2023

Herausgegeben von: KellyProctorCo LLC

Covergestaltung und Inhaltsgestaltung: Trace Haskins

Bearbeitet von Cory Kelly Proctor

Herausgegeben von: Life Success Media GmbH, 6020 Innsbruck, Austria

ISBN: 9793903410077

In den Armen meines Vaters, 1962

WIDMUNG

Ich widme dieses Buch meinem Vater Bob Proctor.

Bob Proctor war ein großartiger Vater, Freund und Geschäftspartner. An dem Tag, an dem ich als sein Sohn auf die Welt kam, standen die Sterne in einer perfekten Konstellation für mich.

Mit viel Leidenschaft und großer Hingabe hat mein Vater das Wissen weitergegeben, das sein Leben veränderte und das meine prägte, und das auch zahllosen anderen Menschen auf der ganzen Welt zu einem besseren Leben verhalf. Dieses Wissen ist zeitlos und wird einem jeden zugutekommen, der sich die Zeit nimmt, es zu studieren.

Bob Proctor war einer der größten Vordenker unserer Zeit.

Ich liebe dich, Dad, und du fehlst mir sehr.

EMPFEHLUNGEN

„Dieses faszinierende Buch steckt voller zeitloser Wahrheit und ewiger Weisheit. Jede Seite und jedes Kapitel enthalten Ideen und Erkenntnisse, die buchstäblich dein Leben verändern können, und zwar genau so, wie du es brauchst, und zu dem für dich exakt passenden Zeitpunkt. Und jetzt schnalle dich fest an, denn dich erwartet eine der großartigsten Erfahrungen deines Lebens."

– Brian Tracy
Präsident – Brian Tracy International

„... Brian schreibt aus einem einzigartigen Blickwinkel. Er nutzt die Weisheit, die sein Vater ihm im Lauf der Jahre vermittelte, und fasst diese wichtigen Lehren in seine eigenen Worte. Die Großzügigkeit von Bob Proctor war ein wunderbares Geschenk, das mich aus heiterem Himmel und ohne mein Zutun erreichte. So geht das oft im Leben. Brian erklärt, wie und warum solche Geschenke zu uns kommen und was wir tun können, um sie zu erhalten."

– Price Pritchett, Ph.D.
Autor des Bestsellers *You*^{2}*: A High Velocity Formula for Multiplying your Personal Effectiveness in Quantum Leaps*

„Dies ist eines meiner absoluten Lieblingsbücher! Ich konnte es nicht aus der Hand legen. Es ist wirklich eine herzerwärmende Geschichte, gefüllt mit unglaublich inspirierenden Lebenslektionen und goldenen Highlights. Ich habe mir viele Seiten Notizen gemacht. Dieses Buch muss einfach jeder gelesen haben! Ich liebe es!"

– Sonia Ricotti

Autorin des Bestsellers *Unsinkable*
und weltweit führende Expertin für das
Wiederaufstehen nach Niederlagen

„Mein Vater kannte das Geheimnis ist herzerwärmend, brillant und vor allem voller Erkenntnisse. Es gehört zu jenen Büchern, die dich entweder ins Tun bringen oder dich noch besser werden lassen. Brian besitzt dieselbe Tiefe wie sein Vater und dieselbe Fähigkeit, so klar zu sprechen, dass sowohl dein Herz als auch dein Verstand die Lektion lernen."

– Mike Dooley

New York Times-Bestseller-Autor von *Infinite Possibilities*

„Wunderschön geschrieben! Wenn du jeden Tag nur eine der Lektionen umsetzt, du Brian von Bob gelernt hat, wird Bob Proctors Brillanz dir gehören."

– Tina Lifford

Dramatikerin, Schauspielerin und Autorin von *The Little Book of BIG LIES*

„Ich liebe dieses Buch! Bob Proctor hat mein Leben direkt verändert und dieses Buch kann dasselbe für dich tun. Herzerwärmend, kraftvoll, inspirierend. Die Geschichte der Liebe eines Sohnes zu einem Mann, der das Geheimnis lebte, verpackt in einen Selbsthilfe-Klassiker voller Weisheit. Einfach nur schön."

– Dr. Joe Vitale
Autor von *The Attractor Factor, Zero Limits, The Miracle* und vielen anderen Werken.

„Ich lernte Brians Vater Bob Proctor im Januar 1979 kennen. Seine Lehren haben mein Leben in absolut jeder Hinsicht positiv verändert, und es war auch ein großer Segen, seinen Sohn Brian kennenzulernen. Ich bin mit Brian seit vielen Jahrzehnten befreundet und kann aus Erfahrung sagen, dass er die Philosophie seines Vaters nicht nur kennt und weitergibt, sondern auch jeden Tag danach lebt. Mir gefällt sehr, dass Brian dieses Buch erschaffen hat, damit auch du dein Leben verbessern und alle deine Träume erreichen kannst. Es zählt zu den besten Büchern, die ich je gelesen habe – und es waren Tausende. Ich lege dieses Buch meiner Familie, meinen Freunden und meinen Klienten wärmstens ans Herz. Ich schlage dir vor, es dir gleich doppelt zu besorgen und das zweite Exemplar zusammen mit einer anderen Person durchzuarbeiten. Du wirst sehen, dass dadurch die in diesen Seiten enthaltenen kostbaren Lektionen noch an Wert gewinnen.

– Peggy McColl
New York Times-Bestsellerautorin und Brians gute Freundin

„Brian, du hast mich völlig gepackt! Ich hatte das Gefühl, einen guten Roman zu lesen. Nachdem ich angefangen hatte, konnte ich das Buch nicht mehr aus der Hand legen. Du hast nicht nur die Beziehung zu deinem Vater, sondern auch seine Art zu leben wirklich gut beschrieben. Und das Sahnehäubchen auf dem Ganzen sind die Anregungen zum Nachdenken am Ende eines jeden Kapitels. Diese Anregungen sind einfach genial, denn so kommt der Leser nicht nur in den Genuss interessanter Geschichten, sondern er kann auch dieselben Lektionen lernen, die du von deinem Dad erfahren hast. Ich weiß, dass er stolz auf dich ist. Meinen Glückwunsch!

– Linda Proctor
Ehefrau von Bob Proctor

„‚Mein Vater kannte das Geheimnis‘ ist mein neues absolutes Lieblingsbuch. Es ist herzerwärmend und inspirierend, etwas über Bob Proctor zu erfahren, jenen Mann, der seine Lehren lebte. Diesem Buch verdanke ich eine neue Sichtweise auf mein zukünftiges Leben. Es hat in mir den Wunsch geweckt, Tag für Tag ein besserer, liebevollerer Mensch zu werden. Es hat mich sehr viel gelehrt und ist ab sofort mein Praxis-Handbuch für das Manifestieren. Und dafür bin ich ewig dankbar."

– Wendy Newman
Innertaining Media

„Ich habe ‚Mein Vater kannte das Geheimnis' regelrecht verschlungen. Dieses kraftvolle, lebensverändernde Buch fängt auf meisterhafte Weise die tiefe Weisheit von Bob Proctor ein, wunderbar vermittelt durch die Perspektive seines Sohns Brian Proctor. Ganz gleich, ob Bobs Lehren neu für dich sind oder ob du ein lebenslanger Fan bist, dieses Buch ist ein Muss für jeden, der persönliches Wachstum, Erfolg und die Fähigkeit sucht, einen tiefgreifenden Beitrag zur Welt zu leisten. Und jetzt mach' dich bereit – für neue Inspiration, damit dich auf deiner Reise zu Wachstum und Erfolg nichts und niemand mehr aufhalten kann."

– Cynthia Kersey
Bestseller-Autorin von *Unstoppable*,
Gründerin und CEO der Unstoppable Foundation

„Ich kannte Bob Proctor seit langen Jahren und habe oft mit ihm zusammengearbeitet. In ‚Mein Vater kannte das Geheimnis' macht uns sein Sohn Brian mit dem Menschen hinter dem Namen bekannt und lässt uns erkennen, warum ihn so viele so sehr liebten. Bobs Lebenswerk hat das Leben sehr vieler Menschen verändert und Brian erzählt uns genau, wie ihn dieses Werk auf seinem Lebensweg beeinflusst hat. Diese einzigartige Perspektive wird für jeden Leser von Nutzen sein. Wenn du die Lektionen aus diesem Buch umsetzt, wird dein Leben nie wieder dasselbe sein."

–Jack Canfield
Mitverfasser der Buchreihe *Hühnersuppe für die Seele*
und von *Die Erfolgsprinzipien*

„Es bietet sich mir nicht häufig die Gelegenheit, ein Buch zu lesen, das meine Überzeugung stützt, dass die Liebe in der Welt das Wichtigste ist. Brians Vater habe ich viele Jahre lang gekannt und Brians Buch über die Beziehung zu seinem Vater Bob Proctor enthält eine zutiefst ehrliche und aufbauende Schilderung des immensen Einflusses, den Bobs Liebe zum Lernen und Lehren auf jeden hatte, den er jemals berührt hat. Du solltest dir dieses Buch kaufen, es weitergeben, und vor allem solltest du Wege finden, wie du das ‚Geheimnis' ehren kannst, das Bob in seiner unglaublichen Karriere zum Leben erweckt hat."

– Blaine Bartlett
Autor des Bestsellers
Compassionate Capitalism: A Journey to the Soul of Business

„Auf diesen Seiten teilt Brian Proctor mit uns private Geschichten, Erkenntnisse und Lektionen über seinen Vater, Bob Proctor, einen der einflussreichsten Vordenker seiner Zeit. Mit diesem Buch wirst du dir des unbegrenzten Potentials bewusst, das in jedem von uns liegt. Du lernst, groß zu denken und zu träumen und über das hinauszuwachsen, was du dir zutraust. Vielen Dank, Brian, dass du deinen Vater mit der Welt teilst."

– Robert Pascuzzi
Bestsellerautor, Filmproduzent und Unternehmer

ILFORD
HP5 PLUS
3372-11

INHALT

VORWORT

Der Buchtitel sagt eigentlich alles –
Bob Proctor kannte das Geheimnis.

Tatsächlich hat er dem Geheimnis sein ganzes Leben gewidmet, er hat es persönlich gelebt und mit Menschen auf dem ganzen Planeten Erde geteilt. Es ist ungeheuer machtvoll. Bob hat das Leben von Millionen von Menschen auf sehr positive Weise verändert.

Brian Proctor, der Verfasser dieses Buchs und wahrscheinlich der weltweit führende Experte für seinen Vater, ist ebenfalls mit dem Geheimnis vertraut. Und zwar in höchstem Maße.

Auf den folgenden Seiten wirst du erkennen, dass Brian aus einem einzigartigen Blickwinkel schreibt. Er nutzt die Weisheit, die sein Vater ihm im Lauf der Jahre vermittelte, und fasst diese wichtigen Lehren in seine eigenen Worte. Das Buch ist teils eine Biographie, teils eine Denkschrift und teils die liebevolle Botschaft eines Sohns, der voller Dankbarkeit die Lehren seines weltberühmten Vaters weitertragen will. Es ist eine inspirierende, von Herzen kommende Geschichte. Und sie hat die Macht, dein Leben zu verändern.

Zuerst habe ich Bob und Brian nur von Weitem kennengelernt.

Ich hatte ein kleines Handbuch mit dem Titel You2 verfasst. Es enthält eine präzise Aufstellung von kontraintuitiven Regeln für Quantensprünge des Erfolgs. Es entstand aus der Forschung für meine Doktorarbeit in Psychologie und aus meiner langjährigen Beratungstätigkeit für große Unternehmen in Bezug auf rasches Wachstum. Ein Unternehmen aus Toronto bestellte es immer wieder in großen Stückzahlen. Diese Firma schien es sogar besser vermarkten zu können als wir hier in Dallas! Und so suchte ich die Telefonnummer heraus und rief dort an – und erfuhr, dass You2 eines von Bob Proctors Lieblingsbüchern war. Er sprach immer wieder sehr positiv darüber, bis er seine Reise ins Jenseits antrat.

Die Großzügigkeit von Bob Proctor war ein wunderbares Geschenk, das mich aus heiterem Himmel und ohne mein Zutun erreichte.

So geht das oft im Leben. Brian erklärt, wie und warum solche Geschenke zu uns kommen und was wir tun können, um sie zu erhalten. Dies gehört zu dem Geheimnis, dass er auf den folgenden Seiten enthüllt.

Öffne das Buch auf einer beliebigen Seite und beginne zu lesen, und du wirst auf Lehren stoßen, die dein Leben bereichern und deinen Erfolg ernsthaft beflügeln.

Brian schreibt in einem leicht verständlichen Umgangston, aber seine Botschaft hat echtes Gewicht. Ich möchte dich herausfordern, sie zu studieren. Führe die Übungen durch. Lebe die Lektionen. Dein Leben wird einen neuen Erfolgslevel erreichen und du wirst der Welt mehr geben können.

Als zugelassener Psychologe kann ich dir versichern, dass die Verhaltensempfehlungen in Brians Buch solide sind. Ich möchte dir auch ohne jeden Zweifel und ohne zu zögern sagen, dass du über ein gewaltiges ungenutztes Potential verfügst. Es ruht still in dir und steht bereit, freigesetzt zu werden.

Es wartet nur darauf, dass du deine kühnsten Pläne wahrmachst.

In diesem Buch zeigt dir Brian, wie du ins Tun kommst.

Und jetzt los!

– Price Pritchett, Ph.D.
CEO – PRITCHETT, zugelassener Psychologe und
Autor der Buchreihe *You2 Quantum Leap Strategies* und
anderer Werke

EINLEITUNG

Im Titel dieses Buchs steckt sehr viel Wahrheit. Mein Vater kannte tatsächlich das Geheimnis. Und er lebte dieses Geheimnis bis zu seinem letzten Atemzug.

Sechzig Jahre lang lernte ich von Bob Proctors Klugheit und Erfahrung, und fast dreißig Jahre davon arbeitete ich mit ihm Seite an Seite. Diesen Jahren mit Bob Proctor als Freund und Vater verdanke ich ein einzigartiges Wissen, und ich spüre in mir eine tiefe Verpflichtung, es weiterzugeben.

Mein ganzes Leben lang hat man mir vor allem eine Frage gestellt: „Wie ist es, Bob Proctor als Vater zu haben?" Meine Antwort auf diese Frage hältst du in deinen Händen.

Ich gehöre zu den wenigen, die Bob Proctors erste Schritte im Persönlichkeitstraining miterlebten. Und ich bin mit ihm durch dick und dünn gegangen. Ich habe miterlebt, wie sehr er an seiner Botschaft feilte, stets bestrebt, sie so zu formulieren, dass ein jeder sie verstehen und davon profitieren kann, unabhängig von Herkunft, Kultur oder Bildungsgrad. Er war ernsthaft davon beseelt, in der Welt etwas zu bewegen.

Ich begann bereits 2019, dieses Buch zu schreiben, und häufig meinte Dad zu mir: „Brian, mach' langsam. Lass' dir Zeit und formuliere aus dem Herzen heraus. Das Buch wird fertig sein, wenn es fertig sein soll." Ein Teil von mir fragt sich manchmal, ob er da schon wusste, dass er die

Veröffentlichung nicht mehr erleben würde. Ich weiß, dass ihm unsere Gespräche über das Buch Freude machten, und ich vermute, dass er nie damit aufhören wollte.

Als Dad krank wurde, legte ich dieses Projekt zur Seite und fuhr nach Toronto, um ihm und seiner Frau Linda beizustehen, so gut ich konnte. Als es ihm dann scheinbar wieder besser ging, machte ich mit dem Schreiben weiter. Doch seine Besserung hielt nur wenige Monate an und schon bald fand ich mich erneut in Toronto wieder, aber dieses Mal an seinem Bett im Krankenhaus.

Bob Proctor war weise und anders als die meisten. Aus seinen langen Jahren des beharrlichen Studiums resultierte ein tiefes Verständnis, und durch dieses Verständnis besaß Dad ein friedvolles inneres Wissen, mit dem er in einer ganz eigenen Liga spielte.

Im Lauf der Jahre haben sich bei mir stapelweise Notizbücher angesammelt, prall gefüllt mit meinen Gedanken zu Dads Seminaren. Diese Notizen, die Gespräche mit meinem Vater und die Erfahrungen aus meinem Leben an seiner Seite bilden das Grundgerüst für dieses Buch.

Ich hoffe, dass diese Inhalte dir ebenso so sehr helfen werden, wie sie mich geformt und geleitet haben. Ich dachte immer, dass das Buch noch zu Dads Lebzeiten erscheinen wird. Aber dazu kam es leider nicht. Das Buch erschien, als es erscheinen sollte.

Jeden Tag spüre ich die Anwesenheit meines Vaters. Ich stelle mir gern vor, wie er seine neue Reise genießt und von einer himmlischen Bühne zu uns spricht.

SO MACHST DU DAS MEISTE AUS DIESEM BUCH

Hilfreiche Tipps vom Autor

In diesem Buch findest du ganz einfache Lektionen. Es geht dabei immer darum, wie man Beziehungen einen Wert verleiht.

Meinen heutigen Erfolg verdanke ich den Beziehungen, die ich so kultiviere, wie ich es durch das Aufwachsen mit Bob Proctor als meinem Vater gelernt habe. Damit meine ich nicht nur die Beziehung zu den Menschen in meinem Umfeld, sondern in erster Linie die Beziehung zu mir selbst.

Ich habe gelernt, dass es einem Menschen umso leichter fällt, andere zu lieben und anzuerkennen, je mehr er sich selbst liebt. Ganz gleich, was um dich herum auch geschieht – die Welt wird zu einem besseren Ort, wenn du aus Liebe heraus handelst.

In diesem Buch findest du Geschichten und Gedankenanregungen. Außerdem findest du hier Ideen, um deine Sichtweisen zu hinterfragen, und Wege, wie du dein Leben und deine Beziehungen verbessern kannst.

Mein Vater brachte mir bei, dass ich immer dann, wenn ich ein Problem habe oder eine Antwort brauche, einfach ein Buch, das ich gerade studiere, auf einer beliebigen Seite aufschlagen und ein paar Zeilen lesen sollte. Er sagte mir, dass sich die gesuchte Antwort meist von allein zeigen wird. Auf diese Weise habe ich dieses Buch geschrieben. Du kannst es auf irgendeiner Seite öffnen und wirst dort eine Perle der Weisheit finden, die mich mein Vater gelehrt hat. Tief in meinem Herzen weiß ich, dass irgendetwas auf dieser Seite dich tief berühren wird, und wenn du es liest, wirst du es spüren.

Du kannst diese Lektionen auf jede erdenkliche Weise nutzen, die sinnvoll für dich ist. Tue dies im Vertrauen, dass ein in Bewusstheit und mit wohl überlegten Entscheidungen geführtes Leben dein gesamtes Dasein verbessert – und wenn dies geschieht, wird jeder Mensch in deinem Umfeld davon profitieren. Das ist ein wunderbarer Dominoeffekt.

Im Juli 2014 veranstalteten wir eine spektakuläre Feier zu Dads achtzigstem Geburtstag in seinem Lieblingshotel – dem Bellagio in Las Vegas. Während dieser Feier stand mein Onkel Al mit einem Mikrofon vorne im Ballsaal und sagte zu der versammelten Menge: „Als mein großer Bruder sich vor vielen Jahren auf den Weg machte, verbesserte sich das Leben aller um ihn herum – seiner Geschwister, seiner Kinder, Nichten, Neffen und all jener, die das Glück hatten, ihn einen Freund zu nennen. Es war, als würde man die sich ausbreitenden Wellen beobachten, wenn man einen Stein ins Wasser wirft.

Dads Wissen wird mittlerweile von der vierten Proctor-Generation weitergegeben. Wir verdanken ihm in unserer Familie Paradigmenwechsel, die für immer nachwirken. Und du besitzt die Fähigkeit, dasselbe für dich und deine Familie zu tun. Du kannst das erste Familienmitglied sein, das alles zum Besseren verändert.

Lies diese Seiten bitte mit einem offenen Geist und der Bereitschaft, deine Überzeugungen zu hinterfragen, damit du herausfindest, ob sie dir in deinem täglichen Leben dienlich sind (oder auch nicht).

Am Ende der meisten Kapitel findest du Anregungen zum Nachdenken, mit genug freiem Platz, um deine Ideen festzuhalten. Dadurch kannst du dieses Buch zu deiner ganz persönlichen Roadmap machen. Notiere alles, was dich anspricht, und setze es dann in die Praxis um.

Nimm dieses Buch immer wieder in die Hand, um dich daran zu erinnern, wie du leben willst. Und wenn du Bob Proctors Lehren kennst, dann weißt du ja schon, dass wiederholtes Lesen zu Veränderungen führt. Und wenn du eine Idee immer und immer wieder liest, kannst du gar nicht anders, als dich mit deinen Gefühlen darauf einzulassen. Mein Vater war hierfür ein leuchtendes Beispiel. Ich kann dir versprechen, wenn du das tust, wird deine Welt heller. Die Bäume werden grüner und die Vögel singen lauter für dich. Dein Leben wird von Tag zu Tag besser. Mein Dad sagte häufig: „Besser ist ein schönes Wort."

Gib dir Anerkennung für die Person, die du heute bist, und stelle dir vor, wie du noch besser werden kannst. Du befindest dich dort, wo du gerade bist, aufgrund deiner bisherigen Entscheidungen und Umstände. An dieser Tatsache lässt sich nicht rütteln, du solltest sie daher anerkennen. Du musst aber auch wissen, dass du von jetzt an bestimmen kannst, wie du werden willst.

Es ist sicher eine gute Idee, deine Notizen in diesem Buch mit dem jeweiligen Datum zu versehen. Auf diese Weise hast du einen zeitlichen Maßstab, um dein Wachstum zu beurteilen, wenn du dich erneut mit einem Kapitel beschäftigst.

Ich weiß, dass ich mich sehr glücklich schätzen durfte, Bob Proctor als Vater zu haben. Mit diesem Buch will ich dich an diesem Privileg teilhaben lassen. Es ist mein Weg, zu ehren, was Bob Proctor für mich bedeutet. Und es ist für mich ein Weg, sein Vermächtnis lebendig zu erhalten.

ÜBERLEG MAL ...

- *Wenn deine bisherigen Erfahrungen dich zu der Person gemacht haben, die du heute bist - wer könntest du sein, wenn du deine Vergangenheit vergisst und vollkommen neu beginnst?*

- *Was wäre, wenn du nur eins wüsstest - dass du alles sein, tun oder haben kannst, das du dir wirklich wünschst? Was würdest du gern sein, tun oder haben?*

- *Was wird in deinem Leben geschehen, wenn du dich als die beste Version deiner selbst zeigst?*

NOTIZEN :

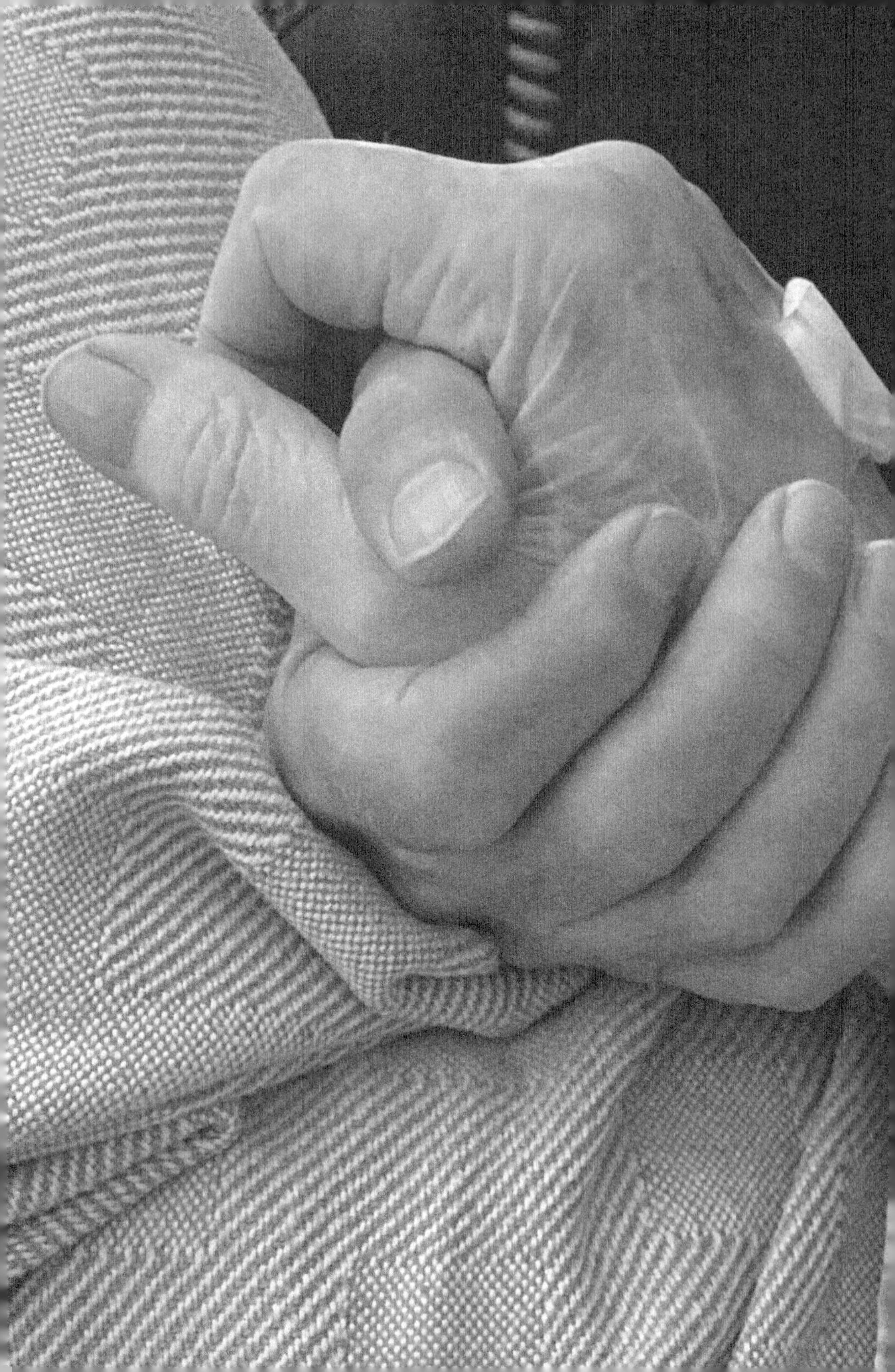

KAPITEL 1

DADS LETZTE LEKTION

Der Abschied

Der Abend des 3. Februar 2022 hat sich mir für immer ins Gedächtnis gebrannt. An diesem Abend starb mein Vater. Ich empfinde es als großes Glück, dass ich bei seinem Übergang seine Hand halten durfte. Ich habe in meinem Leben schon schwierige Zeiten durchgemacht, aber das war alles nichts im Vergleich zum Abschied von meinem Vater.

Die letzten Monate seines Lebens verbrachte ich fast ständig an seiner Seite und die Dinge, über die wir in dieser Zeit sprachen, waren für mich sehr wertvoll und bedeutsam – ich durfte sehr viel von ihm lernen. Es war für mich so, als wollte er sicherstellen, dass ich alles begriffen habe, bevor er geht. Jeden Tag unterhielten wir uns stundenlang und schwelgten in Erinnerungen, häufig gleich früh am Morgen, so wie wir es jahrelang per Telefon gemacht hatten – das war unser Moment.

Mein Vater war ein großzügiger Mensch, den es mit Stolz erfüllte, wenn er anderen half. Er interessierte sich für jeden, der ihm begegnete. Wenn du zu den Menschen gehörst, die die Chance hatten, ihn auf einer Veranstaltung oder online zu treffen, oder vielleicht auch bei einem Telefongespräch, dann weißt du, was ich meine. Bei Seminaren begleitete ich ihn oft durch die Menge, damit er rechtzeitig wieder zurück auf die Bühne kam. Immer wieder geschah es, dass man ihn im Flur oder vor dem Aufzug ansprach, und er gab jedem gern die Hand, stellte sich für ein Foto zur Verfügung und, was am wichtigsten ist, er schenkte jedem von seiner Zeit. Jeder, der Bob Proctor einmal traf, wird es nie vergessen. Doch so sehr er auch für alle da war, seine Familie lag ihm immer am meisten am Herzen.

Als er am Abend des 3. Februar 2022 verschied, hatten sich alle um ihn versammelt: seine Frau Linda, meine Schwester Colleen, mein Bruder Raymond, ich und unsere Ehepartner sowie auch ein lieber Freund, der dafür sorgte, dass für Dad alles so angenehm wie nur irgend möglich war.

Mein Vater wusste immer, was er wollte, und er tat stets alles, um es auch zu erreichen. Er wollte im Kreis seiner Familie gehen – und er wusste genau, wo das geschehen sollte.

Einige Tage vorher, als wir bei ihm im Krankenhaus waren, erkannten wir alle, dass sein Ende nahte. Dad spürte, dass er uns bald verlassen würde, und bestand darauf, nach Hause gebracht zu werden. Ein „Nein" als Antwort wollte er nicht akzeptieren. Er konzentrierte sich ausschließlich darauf, es möglich zu machen. Zu diesem Zeitpunkt befand er sich bereits auf der Intensivstation und man ließ nur wenige Besucher zu ihm. Aber mein Vater wollte seine elf Enkelkinder und einige besondere Freunde unbedingt persönlich sehen, berühren und sich von ihnen verabschieden.

Du kannst dir sicher vorstellen, dass es ihm nicht sonderlich gut ging. Und dennoch sorgte er dafür, dass jeder in seiner Gegenwart das Gefühl bekam, etwas Besonderes zu sein. Er blieb bis zum Ende seinem wahren Wesen treu. Während wir in seinem Krankenzimmer auf das Transportteam warteten, hielt ich seine Hand und er lächelte. Ich konnte seine Energie spüren. Schon bald erschien die Krankenwagenbesatzung mit einer Trage, um ihn nach Hause zu bringen. Als die beiden Männer das Zimmer betraten, freute sich Dad so sehr, nach Hause zu können, dass er bei ihrem

Anblick erstrahlte. So sehr er auch darauf aus war, dass es endlich losging, so tat er doch zunächst das, was man von Bob Proctor erwarten würde. Er gab diesen beiden Männern das Gefühl, wahrgenommen zu werden. Das erinnerte mich kraftvoll an ein großes Lebensprinzip meines Vaters.

Dad blickte den ersten Krankenpfleger an und sagte: „Moment, sagen Sie mir erst mal, wie Sie heißen!" „Mohammed", war seine Antwort. Dad sah ihm in die Augen und meinte lächelnd: „Mohammed, was für ein kraftvoller Name." Dann blickte er den zweiten Pfleger an und fragte ihn dasselbe. „Tourag", gab dieser zurück. Dad meinte zu ihm: „Was für ein schöner Name, einzigartig und stark!" Beide Männer hielten einen Moment lang inne und sahen meinen Vater an. Sie hatten keine Ahnung, wer er war, aber er hatte ihnen beiden ein Lächeln auf die Lippen gezaubert. Er umhüllte sie mit seiner Liebenswürdigkeit.

Diese Herzlichkeit veranlasste die beiden, noch sorgsamer mit ihm umzugehen. Das gefiel mir. Sie betteten ihn ganz vorsichtig auf die Trage und als sie ihn aus dem Raum rollen wollten, tat mein Dad etwas, das ich niemals vergessen werde.

Er erhob seine Arme und sagte: „Mohammed, Tourag, bringt mich nach Hause, Jungs!" Er sprach diese Worte mit einer Begeisterung, die uns alle überraschte. Was für eine unvorstellbare Geisteshaltung für jemanden, der weiß, dass er zum letzten Mal in sein Zuhause kommt! Es war großartig und kaum zu glauben.

Dad war auch zu den Ärzten und Pflegekräften äußerst liebenswürdig. Jeder, der sein Zimmer betrat, verließ es mit einem guten Gefühl. Er war ruhig und fürsorglich und sagte allen, die ihn betreuten, immer wieder, dass sie einen guten Job machten, selbst wenn sie in seinem Körper herumstochern mussten.

Ich kann dir sagen, dass mein Dad nur sehr ungern die ganzen Behandlungen im Krankenhaus über sich ergehen ließ, aber das ließ er sich nicht anmerken, und er erleichterte dem Personal die Arbeit, so gut er nur konnte.

Einmal entschuldigte sich eine Schwester bei meinem Vater, weil sie Probleme hatte, eine Vene für eine neue Infusion zu finden. Er berührte sie sanft und sagte ihr: „Tun Sie, was Sie tun müssen. Es ist okay. Sie machen einen großartigen Job."

Ich war so stolz darauf, an seiner Seite zu sein und zu beobachten, wie er mit dem Pflegepersonal umging, obwohl es ihm nicht gut ging und er offen gesagt extrem leiden musste. Daraus formte sich für mich eine Erkenntnis, die ich immer in mir tragen werde. Dad ließ sich nicht von seinen gegenwärtigen widrigen Umständen vorschreiben, wie er mit seinen Mitmenschen umzugehen hat.

An dem Abend, als Mohammad und Tourag meinen Dad aus dem Krankenhaus rollten, stand eine Reihe von Krankenhausmitarbeitern mit Tränen in den Augen da, um ihn noch einmal zu berühren und sich von ihm zu verabschieden. Nach seinem Tod erreichten uns Mitteilungen des Personals, um uns wissen zu lassen, was für ein großartiger Mensch er war und welches Gefühl er ihnen in der schwersten Zeit seines Lebens gegeben hatte. Er hat bei diesen Menschen, mit denen er nur eine kurze Zeit verbrachte, einen bleibenden Eindruck hinterlassen. So hat er sich bis zu seinem Lebensende verhalten.

Selbst in seinen schlimmsten Momenten suchte Dad nach dem Guten um sich herum. Auch in seinen letzten Tagen, mit qualvollen Schmerzen, sah er nur das Gute und sorgte dafür, dass jeder in seinem Umfeld sich als etwas Besonderes fühlte. Mein Vater hatte nie verstanden, warum man sich auf negative Aspekte konzentrieren oder darüber sprechen sollte. Sein

Leben bestand darin, in allem nur das Gute zu sehen.

Dad glaubte an das, was er gern das „Gefühl von Wachstum" nannte. Hierbei geht es darum, dass sich jeder Mensch, dem wir begegnen, besser fühlt, weil er in unserer Gegenwart war. Bob Proctor beherrschte dies meisterhaft. Manchmal kam er bei einem Seminar von der Bühne herunter, sprach eine Person im Publikum an und berührte sie dabei leicht an der Schulter. Er sorgte dafür, dass diese Person das Gefühl bekam, der einzige Mensch im Saal zu sein. Es war einfach unglaublich. Es ist ein universelles Bedürfnis, wahrgenommen und verstanden zu werden, und Dad verstand dies als seine Aufgabe.

In seinen vielen Tonaufnahmen kann man Dad sagen hören: „Ein Profi gibt immer sein Bestes – ohne Wenn und Aber." Dies durfte ich hier hautnah miterleben. Mein Dad war ein Profi, ohne Wenn und Aber, bis zu seinem letzten Atemzug. Um das besser einordnen zu können, solltest du wissen, dass seine letzten sechs Monate sehr schwer für ihn waren. Er hatte starke Schmerzen und musste immer wieder ins Krankenhaus. Wegen seiner Schmerzen konnte er sich am Ende fast nur noch im Rollstuhl fortbewegen. Ein paar Schritte konnte er gehen, aber das fiel ihm nicht leicht.

Zusätzlich litt er unter einigen Infektionen, die ihn noch weiter schwächten. Dies führte dazu, dass wir die meiste Zeit im leisen Gespräch miteinander verbrachten. Ich konnte spüren, wie wichtig es ihm war, mir so viel wie möglich mitzuteilen.

Du weißt ja sicher, dass Bob Proctor nur zu gern lehrte. Nichts war für ihn wichtiger, als seine Botschaft weiterzugeben – in dem Bewusstsein, dass sie anderen Menschen zu einem besseren Leben verhelfen konnte. Das war ihm klar, weil er mit diesem Wissen sein eigenes Leben verändert hatte. Und er war fest entschlossen, sich nicht von seinem Zustand aufhalten zu lassen. Da war noch so viel, das er der Welt geben wollte. Und so sorgten wir dafür, dass wir immer für ihn da waren, um ihn zu unterstützen.

In seinen letzten Monaten brauchten wir oft mehrere Stunden, ihn trotz seiner Schmerzen anzukleiden, damit er vor der Kamera seine Botschaft verbreiten konnte. Dad war sehr modebewusst und hatte seinen ganz eigenen Stil – er war eine Klasse für sich. Er war bekannt für seine Anzüge, seine Krawatten und seine italienischen Schuhe. Sein Kleiderschrank war voll mit Maßanzügen aus Toronto und maßgefertigten Schuhen aus Italien. Es sah darin aus wie in einer Kunstausstellung. An den Drehtagen waren Linda und ich und manchmal auch mein Sohn Danny nötig, um ihn für eine Aufzeichnung vorzubereiten. Wir gaben uns Mühe, alles auszuwählen und zu seiner Zufriedenheit zu kombinieren. Wir haben bei der Vorbereitung viel zusammen gelacht, und Dads Lachen war trotz seiner Schmerzen immer das lauteste von allen.

Sein Aufnahmestudio befand sich 100 Schritte von seinem Wohnhaus entfernt. Er liebte sein Studio, dort konnte er kreativ sein.

Wenn Dad fertig angezogen und bereit war, legten wir gemeinsam die 100 Schritte zurück, meist mit mir an einer Seite und mit Danny an der anderen. Sobald er an seinem Schreibtisch saß und die Kamera auf Sendung ging, vergaß er alle Schmerzen und sprach mit einer unglaublichen Kraft, als ob die Botschaft direkt durch ihn hindurchfließen würde.

Wenn du eine seiner Live-Sendungen am Ende seines Lebens gesehen hast, ist dir wahrscheinlich nicht aufgefallen, dass er starke Schmerzen hatte. Er besaß das intensive Verlangen, mit seiner Botschaft so viele Menschen wie möglich zu erreichen. Und am Ende wurde dieses Verlangen noch dringlicher. Sein Auftritt dauerte vielleicht nur dreißig Minuten, aber während dieser halben Stunde war er in Höchstform. Wenn es darauf ankam, gab er stets sein Bestes.

Nach der Sendung halfen Danny und ich ihm auf und brachten ihn zurück ins Haus. Dad beschwerte sich nie, aber man konnte ihm ansehen, wie sehr er litt. Wir legten ihn auf das Sofa im Wohnzimmer, wo er sich dann stundenlang ausruhte. Manchmal, als er da lag und ich dachte, er wäre eingeschlafen, meinte er plötzlich: „Hey Brian, ist das nicht ein tolles Leben? Sieh dir nur diesen hübschen Raum an, sogar die Decke ist schön." Er lebte stets aus einem Gefühl der Dankbarkeit heraus.

Es brach mir das Herz, ihn so leiden zu sehen. In dieser Zeit lag ich oft nachts wach und fragte mich traurig, wie er sich bloß eine so gute Einstellung und einen solchen Humor bewahren konnte. In seinen letzten Monaten legte er eine bemerkenswerte Stärke, Einstellung und Entschlossenheit an den Tag.

Er hatte als Vater stets alles getan, um für uns zu sorgen. Mein ganzes Leben lang hatte ich mitverfolgt, wie Dad seinen Kunden und Teilnehmern dieselbe Aufmerksamkeit und Liebe zukommen ließ. Aber am Ende bestand sein letztes Geschenk darin, dass wir für ihn sorgen durften. Ich weiß noch, wie ich ihm dies ins Ohr flüsterte und ihm sagte, wie sehr ich ihn liebe.

Zu diesem Zeitpunkt konnte er sich nicht mehr gut mit Worten verständigen und er verlor immer wieder das Bewusstsein, aber ich wusste, dass er mich hörte und verstand. Er drückte ganz leicht meine Hand, wenn ich ihm etwas zuflüsterte. Sein Geist war fit, aber sein Körper ließ ihn im Stich. Der Druck auf meine Hand war seine Art, mir zu danken und mir zu zeigen, dass er da war.

Manchmal, wenn es schien, als ob er schlief, machte Dad plötzlich eine Geste, dass ich seine Hand halten soll.

Eines der letzten Dinge, die mein Vater zu mir sagte, war: „Brian, ich werde immer bei dir sein. Du kannst jeden Tag mit mir reden. Frag mich etwas, wenn du mit mir sprechen willst, und du wirst eine Antwort erhalten.“ Das sagte er mir mehrmals, damit ich es auch wirklich kapierte.

Ich sehe noch sein liebevolles Gesicht vor mir, wie er dalag und mir zu verstehen gab, dass er immer bei mir sein wird. Diese Vision gibt mir Kraft.

Bob Proctor war der außergewöhnlichste, liebevollste, gütigste und großzügigste Mensch, den ich je gekannt habe. Er lebte seine Lehre, davon konnte ich mich ein Leben lang überzeugen. Ich kann mich glücklich schätzen, sechzig Jahre mit ihm verbracht zu haben. Und dafür bin ich unendlich dankbar.

Ich möchte, dass du weißt, dass er sich nicht vor dem Sterben fürchtete. Er konnte sich von allen Familienmitgliedern und engen Freunden verabschieden. Und das Beste daran ist, dass er es auf seine ureigene Art und Weise tat.

Höre auf deine innere Stimme

Mein Vater steht in direkter Verbindung zu der modernen, heute so weit verbreiteten Erfolgswissenschaft. Er studierte und lehrte die persönliche Weiterentwicklung schon lange, bevor sie populär wurde. Er war von dem Verlangen getrieben, den Menschen zu helfen, damit sie ihr geistiges Potential erkennen und es sich erschließen können, für ein Leben in Wohlstand, mit erfüllenden Beziehungen und einem erweiterten Bewusstsein für sich und ihre Umwelt.

In seinen letzten Tagen wollte mir mein Dad unbedingt zu verstehen geben, dass er immer bei mir sein würde, und ich versprach ihm, dass ich es begriff.

Ich sollte ihm einfach Fragen stellen, so wie in einem ruhigen Gespräch, und um die Antwort zu verstehen, sollte ich mich zurückziehen und meinen Geist beruhigen. In diesem entspannten Zustand würde ich sie erkennen. Ich würde die Antwort spüren und sie wahrscheinlich für meine Intuition halten. Und ich sollte mich davon führen lassen.

Im Moment befinde ich mich in einer geschäftlichen Situation, die sich falsch anfühlt. Meine Intuition schreit mich an. Früher habe ich das oft als Angst oder Nonsens abgetan.

Jetzt nicht mehr. Diese letzte Lektion meines Vaters, die er mir unbedingt zu verstehen geben wollte, ist wahrscheinlich eine der wichtigsten.

Ich höre jetzt auf meine innere Stimme und tue, was sie mir sagt. Und ich habe beschlossen, dass mein Vater durch diese innere Stimme zu mir spricht. Ob das nun stimmt oder nicht, ist für mich unerheblich. Ich weiß, dass ich achtsam bin und meinem Herzen folge, und dass mich dieses Bewusstsein immer in die richtige Richtung führt.

Und ich empfehle dir, dasselbe zu tun. Finde deine innere Stimme und höre immer auf sie, unabhängig davon, was in dir oder deinem Umfeld geschieht. Versuche, dich zu entspannen und deinen Geist zu beruhigen. Wenn du dann Fragen stellst, wirst du Antworten erhalten. Lass die Stimme mit großer Sanftheit zu dir sprechen. Die Antworten werden nicht immer bequem sein. Wenn wir jedoch aufmerksam sind und uns von einem Ort des inneren Friedens leiten lassen, befinden wir uns nach meiner festen Überzeugung auf dem Weg zu einem Leben mit mehr Bedeutung und weniger Bedauern.

Du sollst so wie ich wissen, dass die Weisheit von Bob Proctor immer bei uns ist. Trage deinen Teil dazu bei und verpflichte dich zu einem Leben voller Neugierde und Lernbereitschaft. Stelle deine Verhaltensautomatismen in Frage. Unsere Reaktionen und Antworten kommen meist von unseren Paradigmen. Diese sind ein Bestandteil unseres Glaubenssystems und entsprechen möglicherweise nicht der Wahrheit. Sei daher neugierig und stelle Fragen – und entscheide dich stets für das Wachstum.

Die letzte Seite

„Für die Persönlichkeitsentwicklung gibt es keine Ziellinie."

– Bob Proctor

Ich weiß, dass mein Vater diesen Spruch verinnerlicht hatte. Bis zur Woche seines Todes blieb er ein eifriger Student. Er hat ständig gelesen und Ideen ausgetauscht. Er glaubte nie, alles zu wissen. Er hatte immer das Gefühl, dass es da noch so viel zu entdecken und zu lernen gab. Gegen Ende seines Lebens saß ich bei ihm und las ihm vor. Manchmal, wenn ich schon meinte, er wäre eingeschlafen, sagte er plötzlich: „Lies das nochmal."

Das Verlangen meines Vaters nach Wachstum kannte tatsächlich keine Ziellinie, und diese Einstellung weiterzugeben war ihm wichtiger als alles andere. Er wollte allen zu verstehen geben, dass der Schlüssel zur Erweiterung unseres Bewusstseins in einem lebenslangen, von Studium und Verständnis geprägten Streben nach Wachstum besteht. Und wenn dieses Wissen mit dem Tun einhergeht, bist du auf dem besten Weg, dein ungenutztes Potential zu entdecken.

Ich kann mich erinnern, dass er einmal von der Bühne aus etwas sagte, das für Gelächter sorgte. Es zeigte aber auch, für wie wichtig er dieses Thema hielt und wie sehr er wollte, dass alle es verstehen. Er sagte: „Wenn ich dieses ganze Wissen in eine Spritze abfüllen und euch in den Hintern spritzen könnte – ich würde es tun."

Dieses Verlangen und diese Leidenschaft behielt er sich bis zu seinem Ende.

Weihnachten 2021

Wenn ich in sein Studio gehe, sehe ich auf seinem Buchständer das Werk *„Die verborgene Macht“ von Thomas Troward*, aufgeschlagen auf den beiden Seiten, die er gerade studierte. Zahlreiche Passagen hatte er gelb markiert.

„Die verborgene Macht“ wurde vor langer Zeit geschrieben, die Formulierungen sind daher nicht so aktuell wie in heutigen Werken. Und doch enthält jede Seite eine wertvolle Lektion, die so relevant ist wie eh und je.

Ich weiß nicht genau, wie lange mein Vater sich mit diesen beiden Seiten beschäftigte, aber es war nicht ungewöhnlich, dass er monatelang ein und dieselbe Seite studierte. Er nahm sich immer die nötige Zeit, um eine Idee völlig zu erfassen. Für diese Art des Lernens braucht man außergewöhnlich viel Geduld und Beharrlichkeit. Aber weil er auf diese Weise studierte, besaß er ein tiefes Wissen und ein Verständnis, das nur wenige haben.

Wenn ein Autor meinen Vater besonders berührte, nahm Dad das neue Wissen in sich auf, bis es zum Bestandteil seines neuen Paradigmas wurde. So verhielt er sich noch im Alter von 87 Jahren. Das Lernen begeisterte ihn, seine Neugier war unersättlich. Das erklärt zu einem großen Teil, was ihn so besonders machte und warum er eine so große Anhängerschaft hatte. Man konnte seine Leidenschaft spüren, und wenn er lehrte, vermittelte er die Ideen auf eine leicht verständliche Weise. Ganz gleich, wo seine Teilnehmer lebten, aus welcher Kultur sie kamen oder was ihre Sprache war, Bob Proctor begeisterte sie wie kein anderer für ihr Leben und die vor ihnen liegenden Möglichkeiten.

ÜBERLEG MAL ...

- *Was könntest du alles in deiner restlichen Lebenszeit hier auf der Erde erreichen, wenn du dir Bob Proctors Lebensweise und seine Philosophie des täglichen Lernens zu eigen machen würdest?*

- *Mein Vater hob immer wieder hervor, dass man sich diese Fragen stellen muss, um erfolgreich zu sein:*

  1. *Will ich es?*
  2. *Bin ich fähig?*

- *Bist du willens und fähig, dich zu täglichem Lernen zu verpflichten? Selbst wenn du täglich nur einen Abschnitt liest, summiert sich das im Lauf eines Lebens!*

NOTIZEN :

KAPITEL 2

ANZIEHUNG

Der Film, der alles veränderte

„Das Universum will, dass wir in der Fülle leben,
und es unterstützt uns immer dabei,
dies zur Realität werden zu lassen."
– Bob Proctor

Bob Proctor erwartete, dass er großartige Dinge erleben würde. Und mit „großartig" meine ich etwas, das sein Unternehmen auf eine dauerhafte Weise verändern und ihm helfen würde, mehr Menschen zu erreichen und positiv zu beeinflussen als jemals zuvor.

Dad erwartete, dass etwas Großes geschieht, weil er jeden Tag las und studierte. Diese innere Sicherheit entstand aus seinem seit dem 21. Oktober 1961 erworbenen und angewendeten Wissen, als er zum ersten Mal das Buch „Denke nach und werde reich" in die Hand bekam. Ich wurde im Dezember desselben Jahres geboren – diese Reise umfasst also mein gesamtes Leben.

Im Jahr 2005 geschah dann tatsächlich etwas wirklich Großes: Es bot sich ihm die Gelegenheit, im Film *„The Secret"* mitzuwirken. Zu dieser Zeit war mein Dad bereits seit 45 Jahren im Bereich der Persönlichkeitsentwicklung tätig gewesen. Er bereiste die ganze Welt, um Seminare zu geben und auf Vorstandsetagen zu lehren. Jahrelang hatte er sich abgerackert, um noch mehr Menschen zu erreichen und um noch mehr Leben zu verändern. Und in vielen dieser Jahre war er mehr unterwegs als zuhause. In manchen Jahren flog er sogar alle drei Wochen von Toronto nach Kuala Lumpur, die Hauptstadt von Malaysia, um dort für Malaysian Airlines zu arbeiten.

Er war ein lebendes Vorbild für die Inhalte, die er lehrte, weil er schon so lange im Bereich der persönlichen und beruflichen Weiterentwicklung aktiv war. Aber erst der Film „The Secret" brachte Bob Proctor und seine Botschaft beinahe über Nacht zu Millionen von Menschen auf der ganzen Welt. Diese Gelegenheit, die Art und Weise, wie sie zustande kam, und die enorme Verbreitung, die der Film fand, haben für meinen Vater alles verändert. An dieser Geschichte gefällt mir ganz besonders, dass der Film auf dem Gesetz der Anziehung basiert – und in meinen Augen mich gibt es kein besseres Beispiel für dessen Wirkung als die Art und Weise, wie mein Vater in diesen Film kam.

Im Frühjahr 2005 befand sich mein Dad irgendwo auf einem Flughafen. Während er auf seinen Anschlussflug wartete, telefonierte er mit seiner langjährigen persönlichen Assistentin und guten Freundin Gina Hayden. Zu diesem Zeitpunkt hatte Gina bereits seit über zwanzig Jahren eng mit Dad zusammengearbeitet. Oft telefonierten sie mehrmals täglich miteinander. Seine Mailbox war voll mit Nachrichten und Gina sollte ihm helfen, sie abzuarbeiten. Eine bestimmte Sprachnachricht war besonders schlecht zu verstehen. Er hatte verstanden, dass eine Frau namens Glenda aus Australien mit ihm über einen Film sprechen wollte.

Nachdem Gina die Nachrichten durchforstet hatte, rief sie Bob zurück, um ihm von einem interessanten Gespräch zu berichten, das sie gerade mit Glenda aus Australien geführt hatte. Glenda ist die Schwester von Rhonda Byrne, die „The Secret" erschuf. Glenda hatte ihr erzählt, dass eine australische Crew einen Film dreht und dass sie Bob Proctor gern im Film dabei hätten. Sie sagte weiter, dass die Crew in ein paar Wochen nach Australien zurückkehren wollte und am folgenden Wochenende in Aspen, Colorado, drehte. Seit über einem Monat hatten sie versucht, Bob Proctor zu erreichen. Nun, rein zufällig hielt mein Vater eben an diesem Wochenende ein Seminar in Aspen ab. Er brauchte nur von seinem Seminarhotel in ein Hotel auf der anderen Straßenseite zu gehen. Und so nahm Rhondas Team Bob Proctor in den Drehplan auf und mein Dad machte in seinem Terminplan die Zeit dafür frei.

Als mein Dad sich in Aspen zum ersten Mal mit der Filmcrew zusammensetzte, merkte er gleich, dass sie gut recherchiert hatten und wussten, dass er schon lange in diesem Geschäft war. Der Film basierte auf einem kleinen grünen Buch und dieses war rein zufällig „Die Wissenschaft des Reichwerdens" von Wallace Wattles. Nun, mein Dad kannte dieses Buch sehr gut. „Die Wissenschaft des Reichwerdens" gehörte neben vielen anderen Büchern seit über vierzig Jahren zu seinem täglichen Studienprogramm. Er kannte es also in- und auswendig und er lehrte auch oft die Prinzipien, die Wattles beschreibt. Lloyd Conant, einer seiner Mentoren, hatte ihn mit dem Buch bekannt gemacht.

Die Filmcrew gab meinem Vater einen raschen Überblick über ihr Vorhaben. Mein Dad las nicht gerne Texte ab, er hatte es lieber, wenn man ihm Fragen stellte. Nachdem er auf sämtliche Fragen eingegangen war, bat er darum, noch eine zusätzliche ungeplante Sequenz aufzunehmen, und er überließ es dem Filmteam, diese Aufnahme in die DVD zu integrieren oder auch nicht. Dann sprach er aus vollem Herzen über alles, was er in den vergangenen 45 Jahren studiert und gelehrt hatte. Wenn du Bob Proctor jemals live erlebt hast, dann weißt du, wie das Wissen zu ihm und durch ihn strömt. Und genau das geschah an jenem Nachmittag in Aspen, Colorado, in einem Hotelzimmer. Ohne Pause, ohne Schnitt sprach er zwanzig Minuten lang über das Gesetz der Anziehung. Die Aufnahme war einfach perfekt. Die Filmcrew war hin und weg. Diese Aufnahme gefiel ihnen so sehr, dass sie sie als Bonusmaterial in die DVD integrierten. Nach ein wenig mehr als einer Stunde war mein Vater schon wieder in seinem Hotelzimmer auf der anderen Straßenseite.

Ein paar Monate später, nachdem Rhondas Team den Film fertiggestellt hatte, schickte sie eine DVD nach Toronto. Die DVD lag wochenlang bei Dad zuhause auf dem Regal, bis er schließlich zu Linda meinte: „Wir sollten uns das wirklich ansehen." Nachdem sie sich den Film angesehen hatten, war meinem Dad sofort klar, dass er Millionen von Menschen berühren würde, und Dad sagte zu Linda: „Das wird größer, als wir uns überhaupt vorstellen können." Und er hatte Recht.

Ein weiterer interessanter Aspekt dieser Geschichte ist, dass Rhonda keine Mittel hatte, um die Mitwirkenden zu bezahlen. Doch das war einem Bob Proctor völlig gleich – er wollte seine Botschaft einem größeren Publikum näherbringen. Auch andere Lebenslehrer hatte man gebeten, in „The Secret" mitzuwirken, aber sie hatten abgelehnt, als sie erfuhren, dass es keine Bezahlung gab. Aber mein Dad hielt sich sein Leben lang an die universellen Gesetzmäßigkeiten und er verstand das Gesetz von Ursache und Wirkung; er wusste, dass das, was man aussendet, stets zu einem zurückkommt. Er konzentrierte sich nur auf die URSACHE und die WIRKUNG war stets zur Stelle.

Für diese Stunde seiner Zeit in Aspen bekam mein Dad keine Bezahlung. Aber erhielt eine große Belohnung. Bob Proctor ragte in diesem Film heraus, seine Authentizität sprach Millionen von Menschen an und plötzlich klingelte pausenlos das Telefon. Schon bald kannte man ihn als einen der weltweit bedeutendsten Experten zum Gesetz der Anziehung. Er wurde zu Vorträgen in der ganzen Welt eingeladen und war auch in mehreren TV-Shows zu sehen – bei Larry King (zweimal), bei Ellen DeGeneres und bei Nightline. Der Bekanntheitsgrad meines Dads schoss in die Höhe. Veranstalter auf der ganzen Welt wollten ihn als Redner haben – in Kolumbien, China, Peru, Rumänien, Brasilien, alle wollten Bob Proctor. Und er war bereit. Darauf hatte er nur gewartet. Er hatte es ERWARTET.

„*The Secret*" entstand aus einer genialen Idee von Rhonda Byrne. Und sie erreichte damit genau das, was sie sich vorgenommen hatte. „The Secret" berührte und veränderte das Leben von Millionen von Menschen und sensibilisierte sie für die Idee, dass wir alle eine unendliche Kraft nutzen und uns von denselben Gesetzen des Universums leiten lassen. In diesem Film fokussierte sich Rhonda auf das Gesetz der Anziehung und schärfte dadurch das kollektive Bewusstsein für das Prinzip, dass wir das anziehen, was wir denken und in unserem Geist festhalten.

Wenn ich darüber nachdenke, wie Dad sein Leben gestaltete, dann ist mir klar, dass er sich in der richtigen Schwingung befand, um alles Nötige anzuziehen, damit er sich am selben Wochenende wie Rhondas Filmteam in einem Hotel genau gegenüber wiederfinden würde. Er war damals zwar schon 72, aber er war vorher erst ein einziges Mal Aspen gewesen; es war für ihn kein regelmäßiger Seminarort. Und doch befand er sich hier.

Mein Vater hatte sich stets immer noch größere Ziele gesteckt und ich zweifle nicht im geringsten daran, dass er nach 45 Jahren in dieser Industrie diese Chance angezogen hat.

Sein gesamtes Leben hatte er darauf hingearbeitet. Der Film „*The Secret*" bedeutete für ihn einen völligen Neubeginn; sein Geschäft und sein Leben veränderten sich grundlegend.

Mit meiner Frau Cory zu Besuch in Victoria, British Columbia

Dauerhafte Liebe finden

„Du musst verstehen, dass das ersehnte Gute sich bereits hier befindet. Du musst dich nur darauf einschwingen. Und das erreichst du mit deinen Gedanken."

– Bob Proctor

Über viele Jahre war mein Liebesleben ein einziges Auf und Ab. So schwer mein Scheitern auch wog, ich wusste, dass mein Weg notwendige Lektionen für mich bereithielt. Als ich die Fünfzig überschritten hatte, war ich mir nicht mehr sicher, ob ich überhaupt nochmal die wahre Liebe finden würde. Mir war klar, dass ich die Vergangenheit nicht ändern konnte. Und so gab ich mein Bestes, um das Gute aus diesen Erfahrungen zu ernten und mit der Zuversicht weiterzumachen, dass meine Lernprozesse mich zu einem besseren Leben führen würden.

Meine beiden Kinder Danny und Leanne sind natürlich ein absoluter Segen für mich. Sie erweitern meine Welt auf eine ungeahnte Art und Weise, und sie schenken mir ein tiefes Gefühl von Freude und Lebenssinn. Die Freude des Vaterseins ist für mich der Beweis, dass es keine Rolle spielt, wie schlimm so manches war; ich habe zwei wunderbare, hübsche Kinder geschenkt bekommen, und ihr positiver Einfluss auf mein Leben ist immens.

Als meine Kinder erwachsen waren und eine für mich besonders schwierige Beziehung zu Ende ging, wollte ich mich für eine lange Zeit mit keiner Frau mehr treffen. Ich machte mich sogar von dem Gedanken frei, überhaupt nochmals eine Frau in meinem Leben zu haben. Diese Auszeit gab mir genug Raum, mein Leben neu zu gestalten und darüber nachzudenken, was ich wirklich will, und mir darüber klar zu werden, was für mich wichtig ist.

Die Umsetzung meines Plans, an mir selbst zu arbeiten, erforderte viel Selbstreflexion und innere Arbeit, die nicht immer einfach war. Zunächst musste ich festlegen, was ich mit meinem Leben ohne Partnerin anfangen wollte. Das brachte mir mehr Klarheit und ich konnte Grenzen festlegen. Als Nächstes musste ich daran arbeiten, mich selbst an die erste Stelle zu setzen. Das war ebenfalls eine Herausforderung, aber ich lernte mich dadurch besser kennen.

Ich zog nach Florida, in eine Gegend, in der ich schon oft meinen Urlaub verbracht hatte. Dort tauchte ich in eine neue Welt ein und diese Veränderung tat meiner Seele gut. Das war nicht immer leicht, aber ich wusste, dass ich einen Neuanfang wollte. Ich musste zu einer besseren Version meiner selbst werden und mir neue Gewohnheiten zulegen. Meine alten Verhaltensmuster funktionierten nicht mehr und es war an der Zeit, dass ich herausfand, warum. Ich musste mein altes Wissen wieder auffrischen und wieder von meinen Wünschen her denken und nicht länger von der Vergangenheit her.

Ganz allmählich, nach viel Arbeit an mir selbst, spürte ich wieder in mir ein Verlangen nach einer ehrlichen und liebevollen Partnerschaft. Ich wollte eine Frau lieben und respektieren und ich wollte, dass sie mich ebenfalls liebt und respektiert – mich als Mensch. Ich spürte ein tiefes Verlangen nach einer wahrhaft liebevollen und dauerhaften Beziehung.

In Dads Seminaren konnte man sich darauf verlassen, dass während der Fragerunde jemand von ihm wissen wollte, wie man echte und dauerhafte Liebe findet. Sein Ratschlag war immer einfach und leicht zu befolgen.

Er empfahl folgende Übung: Nimm ein Blatt Papier, zeichne darauf einen Kreis und schreibe diese Worte hinein: „mein Mann“ bzw. „meine Frau“ – je nachdem, welches Geschlecht du anziehen willst. Als Nächstes zeichnest du mehrere Linien, die strahlenförmig von diesem Kreis ausgehen. Dann notierst du auf den Linien, wie dein Partner und wie diese Beziehung für dich sein sollen. Du solltest dir von dieser Person vor allem wünschen, dass sie frei und glücklich ist – denn wenn sie es nicht ist, kannst du es auch nicht sein.

Durch uns drückt sich ein und dieselbe Kraft aus – und wir können nur jenes anziehen, mit dem wir uns in harmonischer Schwingung befinden. Durch diese Übung gewinnst du Klarheit. Du solltest dabei aber nicht an eine bestimmte Person denken. Dad wies darauf hin, dass man sich sonst in die Gedankenwelt dieser Person einmischt, und dazu haben wir kein Recht. Du solltest außerdem dich selbst mit dieser Person sehen und spüren, wie es ist, wenn ihr zusammen seid. Dies gelingt dir, indem du die Liebe in deinem Herzen wachrufst, die du empfindest, wenn du mit einem lieben Menschen zusammen bist oder dich mit Dingen beschäftigst, die dir viel bedeuten.

Mit dieser Übung versetzt du dich in die richtige Schwingung, um den Menschen anzuziehen, der mit dir harmoniert. Und aus Klarheit entsteht Fokus. So kannst du dich ganz bewusst entscheiden und verhalten.

Nun war also ich an der Reihe, diese Übung umzusetzen und selbst auszuprobieren. Als Erstes verfasste ich eine detaillierte schriftliche Beschreibung meiner perfekten Partnerin. Dann erstellte ich ein einfaches Word-Dokument und speicherte es auf meinem PC. Anstatt mich rein auf das Physische zu beschränken, beschrieb ich vielmehr ihre Persönlichkeit, ihre Moralvorstellungen, ihre Vorlieben und so weiter. Ich beschrieb alles, was für mich wichtig war. Indem ich ebenfalls das Gegenteil dieser Eigenschaften beschrieb, wurde dies für mich auch zu einer Übung im Festlegen von Grenzen, denn sie half mir, mir klar darüber zu werden, was für mich nicht akzeptabel war. Das alles schriftlich vor mir zu sehen, hat mir sehr geholfen, meine Grenzen zu festzulegen.

Jeden Morgen öffnete ich die Datei, um sie zu lesen. Ich las sie im Bewusstsein, dass die Frau, nach der ich suchte, bereits auf dem Weg zu mir war. Wenn mir neue Ideen kamen, fügte ich sie zu meiner Datei hinzu. Ich beschrieb auch, wie sie mich lieben und mit mir umgehen sollte. Und ich beschrieb, wie ich sie lieben und mit ihr umgehen wollte. Das machte mir immer mehr Spaß und ich war voller aufgeregter Vorfreude. Manche Punkte löschte ich auch, weil sie mir mit zunehmender Klarheit weniger wichtig erschienen. Schon bald freute ich mich jeden Tag darauf, meinen

Text zu lesen, weil ich zum ersten Mal das Gefühl hatte, dass ich mich mit dem höheren, von mir definierten Beziehungsstandard, identifizieren konnte.

Ich schrieb in mein Dankbarkeitstagebuch, wie dankbar ich war, dass diese Frau den Weg zu mir fand. Ich ließ den Dingen absolut freien Lauf und übte keinerlei Druck aus.

Ich wurde so vertraut mit meiner Grafik und meiner Liste, dass ich bei einem Date sofort spürte, ob die Frau, die mir gegenübersaß, auch nur annähernd dem entsprach, wonach ich Ausschau hielt. Wenn mir meine Wünsche nicht so bewusst gewesen wären, hätte ich wahrscheinlich nicht so genau hingeschaut. Was dazu führte, dass mehrmals kein zweites Date folgte. Ich fühlte mich dadurch stärker und nicht etwa schwächer, denn ich wusste, was ich wollte, und ich hatte beschlossen, mich nicht mit weniger zufriedenzugeben.

Jahrelang hatte ich bei unseren Events neben einer Frau gesessen, mit der ich in unserem Unternehmen zusammenarbeitete. Sie heißt Cory und wohnte damals in Alaska. Ich kann mich noch genau an unsere erste Begegnung im Jahr 2012 erinnern.

Ab 2014 saßen wir dann bei den Events immer nebeneinander. Später erst wurde mir klar, warum wir immer zusammensaßen. Das lag an meinem Vater. Dad konnte Cory von Beginn an sehr gut leiden. „Sie denkt anders", meinte er zu mir.

Bei einem Event in Los Angeles beschloss mein Dad, dass er von der Bühne aus die wichtigsten Leute seines Teams im Blickfeld haben wollte. Er wollte ihnen in die Augen sehen, um sicher zu sein, dass seine von der Bühne gesprochenen Worte verstanden und auch umgesetzt werden.

Und so bestimmte er, dass gleich links von der Bühne immer ein Tisch stehen sollte. Er stand außerhalb des Scheinwerferlichts und war so nah, dass mein Dad die dort sitzenden Personen erkennen konnte. Und er legte fest, dass Cory und ich immer dort sitzen sollten. An unserem Tisch stand immer noch ein dritter Stuhl, auf den sich mein Dad setzte, wenn die Teilnehmer gerade eine Übung bearbeiteten. Durch das Zusammensitzen vertiefte sich die Freundschaft zwischen Cory und mir noch weiter. Ich wusste, dass Dad damit eine Absicht verfolgte. Er wusste häufig schneller als ich, was ich brauchte. So ging es ihm mit vielen Menschen in seinem Leben. Geduldig wartete er darauf, dass wir endlich das erkennen, was er schon lange wusste.

Morgens vor dem Seminarbeginn gingen Cory und ich oft eine Runde spazieren und sprachen darüber, was in unserem jeweiligen Leben so passierte. Das war immer einfach angenehm. Wir sahen uns ungefähr alle zwei Monate. Wir lernten uns immer besser kennen und es bildete sich eine Freundschaft heraus.

Ich war sehr an ihr interessiert, wollte aber auf keinen Fall irgendwelche Grenzen überschreiten, da wir ja Arbeitskollegen waren. Deshalb betrachtete ich sie als unantastbar. Die Chemie zwischen uns beiden stimmte, aber wegen unserer Arbeit kam es nicht zu mehr.

2016 war ich einmal bei meinem Bruder Ray in Toronto zu Besuch. Ich kann mich noch gut daran erinnern, wie ich mich bei einer Autofahrt mit der Assistentin meines Vaters Gina Hayden unterhielt, mit der ich sehr gut befreundet bin. Ich erzählte Gina, wie gerne ich zu meinem 55. Geburtstag nach Italien reisen würde und dass ich gern jemand Besonderes mitnehmen wollte.

Zu diesem Zeitpunkt hatte ich niemand Spezielles in meinem Leben. Gina schlug vor, ich könnte eine Frau anrufen, die wir beide kannten, und sie

Cory und ich feiern den Jahreswechsel 2019-2020 in Las Vegas gemeinsam mit meinem Dad und Gina Hayden

einladen. Ich erwiderte, dass ich kein Interesse an dieser Frau hatte. Und ich fügte hinzu, dass es da jemanden gab, den ich nur zu gern dabei hätte, und dass das leider nicht ging. Ich weiß noch genau, wo wir gerade waren, als Gina zu mir meinte:

„Es ist Cory, nicht wahr?"

Keine Ahnung, warum sie das sagte oder woher sie über meine Gefühle für Cory Bescheid wusste. „Das geht nicht, wir sind doch Kollegen", gab ich sofort zurück.

Gina überredete mich, ich solle Cory gestehen, was ich für sie fühle. Von da an konnte ich an nichts anderes mehr denken. Mich verband mit Cory eine Freundschaft und was ich über sie wusste, passte definitiv zum Beschreibungstext meiner idealen Partnerin, den ich verfasst hatte.

Als ich wieder in Florida war, nahm ich endlich meinen Mut zusammen und rief sie an, um ihr meine Gefühle zu beichten. Ihre erste Reaktion war: „Ich mag dich doch auch, Brian", aber mehr kam von ihr nicht. Mehr als Freundschaft konnte ich aus ihren Worten nicht heraushören, und so beendete ich entmutigt das Telefonat. Dann saß ich da und dachte über das Gespräch nach. Ich kam zu dem Schluss, dass sie nicht wirklich verstanden hatte, was ich ihr sagen wollte.

Also rief ich sie zurück und wurde deutlicher. An ihrem unbeholfenen Schweigen erkannte ich ihre Überraschung. Schließlich meinte sie: „Brian, ich lebe in Alaska und du bist in Florida. Wie um alles in der Welt soll das funktionieren?" In diesem Moment wusste ich, dass sie Interesse an mir hatte. Die Antwort, die ich ihr gab, hat sogar mich selbst überrascht: „Cory, wenn du interessiert bist, sollten wir uns nicht darum sorgen, wie das wohl gehen kann. Lassen wir doch den Dingen und unseren Gefühlen einfach freien Lauf." Ich spürte, wie die Worte aus den Seminaren meines

Vaters aus meinem Mund kamen. „Mach dir um das Wie keine Sorgen. Lege fest, was genau du willst, und das Wie wird sich von selbst zeigen."

Ich fragte sie, ob sie Lust hat, täglich mit mir zu telefonieren. Ich hielt es für eine gute Idee, auch zwischen den Events den Kontakt aufrechtzuerhalten. Durch das tägliche Telefonieren konnten wir uns auf eine andere Weise kennenzulernen. Sie war einverstanden und ich wusste, dass dies für sie eine große Entscheidung war. Bei unseren freundschaftlichen Gesprächen hatte sich herausgestellt, dass sie nicht besonders gerne telefonierte, und außerdem lagen unsere Zeitzonen vier Stunden auseinander. Aber genau dann begann die Magie.

Je besser ich Cory durch die täglichen Telefongespräche kennen lernte und je mehr Zeit wir miteinander verbrachten, umso klarer wurde mir, dass sie genau dem entsprach, was ich in meinem Text beschrieben hatte. Die einzige Abweichung war, dass sie nicht im selben Bundesstaat lebte wie ich. Also beschloss ich, dass die Geographie unwichtig war. Wir würden schon eine Lösung finden.

Beim Schreiben dieser Zeilen muss ich lächelnd daran denken, wie einfach auf einmal alles war, nachdem ich Klarheit gewonnen hatte. Ich glaube, mein Vater war genauso glücklich wie ich, als ich mit Cory endlich zusammenkam, und ich kann mich noch gut an seine Reaktion erinnern, als ich ihm verkündete, dass wir heiraten wollten. Er war hoch erfreut. Dann sagte ich ihm, dass Cory und ich eine kleine private Zeremonie auf Hawaii abhalten wollten, bei der nur unsere Kinder anwesend sein sollten. Wir wollten keine Gäste oder anderen Familienmitglieder einladen.

Wir wollten diese Gelegenheit nutzen, um ein enges Band zwischen unseren Familien zu knüpfen. Wir mieteten ein Haus, das groß genug für alle Kinder und uns selbst war, und verabredeten mit dem Standesbeamten, die Trauung morgens um 6:30 Uhr bei Sonnenaufgang durchzuführen.

Cory und ich sind beide Morgenmenschen und diese Idee gefiel uns wirklich sehr gut.

Nun, wenn Bob Proctor etwas wirklich will, kennt er kein Nein. Er sorgte dafür, dass er bei der Zeremonie anwesend war und alles miterleben konnte. Er hatte sogar eine Botschaft vorbereitet, die er uns vorlas. Sie war wunderschön. Ich werde auf ewig dankbar sein, dass mein Dad kein Nein kannte und bei der Hochzeit mit dabei war. Lustigerweise versuchen wir immer noch, dies meiner Mutter und Corys Eltern zu erklären.

Heute führen meine Frau Cory und ich eine fürsorgliche, liebevolle Beziehung – es ist eine echte Liebesgeschichte. Beim Formulieren meines Texts wurde mir klar, was ich wollte, und ich entdeckte, dass das, wonach ich suchte, direkt neben mir saß.

ÜBERLEG MAL …

Bist du auf der Suche nach der wahren Liebe?

Wenn du nur das anziehst, was du nicht willst, solltest du einmal tief in dich gehen, denn du bist der einzige Mensch, den du ändern kannst; du kannst niemals eine andere Person verändern. Erledige zuerst die innere Arbeit – werde zu dem, was du in deinem Leben anziehen willst. Du ziehst nicht das an, was du willst, sondern das, was du bist. Werde dir klar darüber, was du willst und wie du behandelt werden möchtest. Nur in der Klarheit wirst du erkennen und anziehen können, was du bist, was du willst und was dir zusteht.

Führe die Übung durch.

Wenn du einen ganz besonderen Menschen anziehen willst, der deine Welt erstrahlen lässt, ist die Übung, die mein Vater mir gab, unverzichtbar. Hole dir also ein Blatt Papier und fange sofort damit an.

- *Zeichne einen Kreis.*
- *Füge strahlenförmige Linien hinzu.*
- *Notiere darauf die gewünschten Eigenschaften.*
- *Verfeinere dies jeden Tag, damit dein Denken immer klarer wird.*
- *Denke mehrmals am Tag an deine Vision.*
- *Fühle dich bereits in dieser Partnerschaft.*
- *Und gehe keine Kompromisse ein*

NOTIZEN :

Wir werden zu dem, was wir denken

*„Willst du wissen, woran du die meiste Zeit denkst?
Dann sieh dir deine Resultate an.
Deine Resultate zeigen dir genau,
was deine vorherrschenden Gedanken sind."
– Bob Proctor*

Ich habe schon in jungen Jahren gelernt, meine Gedanken zu kontrollieren. Mein Dad lehrte mich, meine Aufmerksamkeit immer wieder auf meine Gedanken zu lenken. Er forderte mich auf, eine Faszination für meine Gedanken zu entwickeln. Ich sollte mich von meinem denkenden Geist lösen und meine Gedanken untersuchen. Dann sollte ich eine Verbindung zu dem herstellen, was in meiner Welt geschah, und als Nächstes sollte ich auf die Zusammenhänge achten.

Es ist für mich eine lebenslange Übung, von innen nach außen zu leben, indem ich mich auf Gedanken konzentriere, die mit meinen Zielen und Wünschen übereinstimmen, anstatt mir von der Außenwelt diktieren zu lassen, was ich zu denken und fühlen habe. Es geht immer um die Bewusstheit: die Fähigkeit, zu erkennen, wann meine Gedanken, Handlungen und Gefühle nicht mit meinen Zielen und Wünschen übereinstimmen.

Durch das extrem aufmerksame Beobachten meiner Gedanken habe ich gelernt, wie ich meine Schwingung verändern und mich dafür öffnen kann, meine gewünschten Ergebnisse anzuziehen und zu erschaffen. Zahlreiche Beispiele hierfür habe ich in die Geschichten in diesem Buch eingeflochten.

Aber lass' es mich ganz klar sagen: Das bewusste Wahrnehmen meiner Gedanken ist eine Übung für den ganzen Tag – und zwar jeden Tag. Sie steht stets im Zentrum meiner Aufmerksamkeit, während ich durch meinen Tag gehe.

Mein Vater meinte oft zu mir: „Verliere dich nicht im kurzfristigen Denken, das dich in die Knappheitsfalle treibt." Anders gesagt, du brauchst die äußeren Umstände nicht zu leugnen oder so zu tun, als ob es sie nicht gäbe, aber du brauchst auch nicht die ganze Zeit darüber nachzudenken. Aktiviere lieber ein paar deiner kreativen geistigen Fähigkeiten (Wahrnehmung, Wille, Verstand, Vorstellungskraft, Gedächtnis und Intuition) und tue etwas Konstruktives.

Diese Denkweise hat mir geholfen, meine Gedanken zu lenken und zu bestimmen, worauf ich meine Energie richte.

Mit der Zeit habe ich mir ein Paradigma erschaffen, das mir erlaubt, meine Tage bewusst zu gestalten. Ich wähle, welche Gedanken ich loslasse, und ich entscheide, auf welche Gedanken ich meinen Fokus und meine Gefühle richte – so wie es im Film „The Secret" erklärt wird: Wir sind Magnete und ziehen das an, worauf wir unsere Energie richten.

Lenke daher deine Energie lieber auf das, was du willst!

Wenn wir den Menschen um uns herum zuhören, stellen wir meist fest, dass sie sich auf ihre Sorgen oder auf Dinge konzentrieren, gegen die sie nichts tun können. Damit verschwenden sie meistens ihre Energie. Dabei brauchen sie sie einfach nur in eine andere Richtung zu lenken.

Versteh mich aber bitte nicht falsch: Du kannst dir nicht einfach etwas wünschen und schon taucht es auf. Das Gesetz der Anziehung ist ein nachgeordnetes Gesetz, mit dem Gesetz der Schwingung als Hauptgesetz.

Dieses besagt, dass sich alles in unserem Universum in Schwingung befindet; nichts steht still. Daher ist absolut alles, was wir uns wünschen, bereits vorhanden. Du brauchst dir nichts zu holen. Unsere Aufgabe besteht darin, unser Bewusstsein so anzuheben, dass es mit der Schwingung der gewünschten Dinge übereinstimmt. Und das gelingt uns, indem wir uns unserer Gedanken bewusst bleiben und ständig das Gute ernten, damit wir höhere Ebenen erreichen.

Vor Kurzem las ich ein Zitat, das alles auf einen einfachen Nenner bringt: „Alles ist Energie und mehr gibt es da nicht zu sagen. Stimme dich auf die Frequenz deiner ersehnten Realität ein und du kannst gar nicht anders, als diese Realität zu erschaffen.“ Du musst aktiv werden und dich an die Arbeit machen – und wenn du deiner gewünschten Realität Energie gibst, wirst du bemerken, dass du ziemlich sicher das tun wirst, was erforderlich ist, um sie in dein Leben zu bringen. Bedenke aber auch, dass dies in beide Richtungen funktioniert. Bleibe daher aufmerksam und achte darauf, dass du deine Energie nicht auf Dinge lenkst, die du nicht haben willst.

Denke bitte mal an eine Person, die immer positiv und freundlich ist. Diese Menschen ziehen normalerweise positive Dinge in ihr Leben. Sie sehen jeden Tag neue Gelegenheiten und sind meist auch oft produktiver. Sie sind häufig auch geschäftlich erfolgreicher, weil man gern mit ihnen zu tun hat. Sie ziehen das an, was sie auf der Schwingungsebene ausstrahlen.

Andererseits kennt auch jeder von uns Menschen, die immer nur das Negative sehen, was darin resultiert, dass sie oft nur noch mehr Negatives in ihr Leben ziehen. Glück und Zufriedenheit erscheinen ihnen in weiter Ferne. Ist dir schon mal aufgefallen, dass du mit so jemandem nicht gern zusammen bist? Das liegt daran, dass diese Menschen eine negative Energie (Schwingung) ausstrahlen und deshalb negative Menschen anziehen. Dies ist ein sich selbst erfüllender Kreislauf: Gleiches zieht Gleiches an.

Verpflichte dich der Idee, ganz bewusst zu wählen, woran du denken willst. Je mehr du dir im Tagesverlauf deiner Gedanken bewusst bist, umso mehr hast du die Kontrolle über das, was in dein Leben tritt, und auch darüber, wie du damit umgehen willst.

Auf ein erstrebenswertes Ziel hinzuarbeiten ist eine hervorragende Möglichkeit, um mit deinen Gedanken auf dem richtigen Weg zu bleiben. Und zusätzlich ist dies auch der perfekte Weg, dir selbst deine Schwingung bewusst zu machen.

Ich kann mich nicht entsinnen, dass mein Dad irgendwann mal keine Zielkarte in der Tasche hatte. Und wenn er fragte, ob jeder seine Zielkarte dabei hat, dann wollte man nicht derjenige im Raum sein, der keine hatte. Dieses scheinbar einfache Werkzeug war für mich mein ganzes Leben lang wie ein Kompass, und so wie mein Dad habe ich immer eine dabei.

Ohne Ziel arbeiten wir ohne Orientierung und sind anfälliger für die Geschehnisse um uns herum. Wir brauchen die Kraft eines wertvollen Ziels, das wir auf der Gefühlsebene spüren, damit die äußeren Ereignisse uns nicht beeinträchtigen.

Ich habe bemerkt, dass ich meine Gedanken besser im Griff habe, wenn ich auf ein Ziel hinarbeite. Das Ziel hält mich davon ab, Tag für Tag orientierungslos hin und her zu springen. Mit einem Ziel, das mich leitet, habe ich Ordnung und richte meinen Fokus auf das Gewünschte. Ich sorge mich nicht um die nächsten Schritte, weil sie sich immer von selbst zeigen werden.

ÜBERLEG MAL ...

Gestalte dein Leben überlegt und überlasse es nicht dem Zufall. Verpflichte dich der Idee, ganz bewusst zu wählen, woran du denken willst.

Mit der heutigen Nachrichtenflut rund um die Uhr erscheint es schwieriger denn je, unsere Gedanken zu kontrollieren. Und seien wir doch mal ehrlich: Die meisten Nachrichten sind negativ. Wir müssen deshalb dafür sorgen, dass wir der von dieser Negativität erzeugten Angst nicht zum Opfer fallen.

Verantwortung zu übernehmen ist ein gewaltiger Schritt.

Achte darauf, ob du den Umständen oder anderen Menschen die Schuld gibst, wenn die Dinge nicht gut für dich laufen.

Formuliere eine Affirmation.

Du kannst die folgende benutzen oder eine eigene, die dich berührt. Hier ist ein Beispiel: „Ich allein kontrolliere meine Gedanken und bestimme, woran ich denken will.“

Wie lautet dein Ziel? Es kann ein privates oder ein berufliches Ziel sein

Du solltest mehrmals am Tag an dein Ziel denken; ein selbst erschaffenes Vorstellungsbild, dass du rasch aufrufen kannst. Du kannst spüren, wie es sich anfühlt, wenn du es verwirklicht hast. Du siehst die Farben und riechst die Gerüche: Das bedeutet es, mit deinem Ziel emotional verbunden zu sein.n.

NOTIZEN :

of
GETTING
INSTITUTE
NCE
of
TING
RICH
agher
INSTITUTE
THE
allagher
INSTITUTE

KAPITEL 3

DANKBARKEIT

Ein dankbares Herz

„Mit einer dankbaren Einstellung verbinden wir uns mit unserer Versorgungsquelle. Und je dankbarer du bist, umso näher kommst du deinem Erschaffer, dem Architekten des Universums, und auch dem spirituellen Kern deines Wesens."

– Bob Proctor

Bei der Vorbereitung zu diesem Kapitel habe ich viele meiner alten Dankbarkeitstagebücher hervorgeholt und gelesen. Für meinen Vater ist die Dankbarkeit immer ein zentrales Thema gewesen. Wenn ich daran denke, dass ich meinen Dad schon immer so gesehen habe, dann ist das für mich keine Überraschung. Es zeigt mir vielmehr deutlich, wie glücklich ich mich schätzen darf, dass ich dieses Leben mit Bob Proctor als meinem Vater führen durfte.

Beim Nachsinnen über die Dankbarkeit fühle ich mich in den Garten meines Dads zurückversetzt. Tausende Male haben wir dort zusammengesessen. Er war für uns ein besonderer Ort. Er liebte die Bäume und die kleinen Tiere und ganz besonders die Vögel. Manchmal saßen wir stundenlang da und auf einmal meinte er: „Hör dir das an!" Es war der

Klang des Friedens. Ich weiß noch, wie sehr ich mich beim Zusammensein mit ihm geerdet fühlte.

In diesen ruhigen Momenten unterhielten wir uns immer wieder über die Dankbarkeit. Unsere Gespräche drehten sich häufig darum, wie dankbar er für sein Leben war – für alles, was es gab, und alles, was es nicht gab. Er lebte wirklich aus einem dankbaren Herzen heraus.

Er brachte mir bei, ständig mit einer dankbaren Einstellung zu handeln, und das gefällt mir an mir selbst. Aus diesem Grund verläuft mein Leben besser und friedlicher. Mit einem dankbaren Herzen zu leben, hilft mir, meinen Geist und meinen Körper zu beruhigen und damit auch meine Welt.

Wenn alles gut läuft, fällt es einem leicht, dankbar zu sein. Die größten Durchbrüche und das größte Wachstum habe ich aber oft nach extremen Herausforderungen erreicht. In schwierigen Zeiten einen Zugang zur Dankbarkeit zu finden, kann uns helfen, diese Momente schneller zu überwinden, als wenn wir sie einfach nur durchleben würden, ohne auf das vorhandene Gute zu achten – und auch auf das Gute, das daraus entstehen kann.

Es fällt uns leichter, im Einklang mit den universellen Gesetzmäßigkeiten zu leben, wenn wir erkennen, dass in allem etwas Gutes steckt, und wenn wir Gefühle und Situationen nicht als gut oder schlecht bezeichnen.

Wenn du alles zu schätzen weißt, was es gibt, wird sich deine Sichtweise verändern. Mit täglichen praktischen Dankbarkeitsübungen kannst du ein Verständnis erreichen, das deinem Leben einen tiefgründigen Sinn verleiht. Das wird dazu führen, dass du dich energiegeladen und voller Inspiration fühlst. Du spürst, dass du deine Gedanken und Emotionen im Griff hast, und dein Verhalten wird von einem Gefühl der inneren Ruhe bestimmt. Deine Entscheidungen und nicht deine Umstände erschaffen das Leben, das du dir wünschst.

Bereits in sehr jungem Alter lernte ich von meinem Dad eine Strategie, die ich noch heute nutze. Sie ist wirklich sehr wirkungsvoll, um meine Energie auf meine Ziele zu lenken: Wenn ich morgens in mein Dankbarkeitstagebuch schreibe, füge ich immer hinzu, wie dankbar ich für mein Leben und die Menschen in meinem Leben bin. Und ich schreibe auch Dinge hinein, für die ich dankbar bin, noch ehe sie geschehen. Wenn ich schreibe, wie dankbar ich bin, dass ich etwas erhalte, vollende oder erreiche, so entwickelt sich dadurch in mir die Erwartung, dass das Gewünschte bereits hier ist. Die dadurch entstandene Energie versetzt mich in die richtige Schwingung, um zu empfangen.

Ein großartiges Beispiel für diese Vorgehensweise ist das Buch, das du gerade liest. Die Dankbarkeit für dieses Buch nahm ich bereits in meine Dankbarkeitsliste auf, als es noch längst nicht erschienen war. Jeden Tag schrieb ich, wie dankbar ich bin, „dass dieses Buch auf der ganzen Welt gelesen und sehr gut angenommen wird“. Und ich fügte hinzu: „Ich bin dankbar, dass die Weisheit meines Vaters, die ich auf diesen Seiten weitergebe, vielen Menschen hilft, ein größeres Bewusstsein für ihr Potential zu entwickeln.“ Der letzte Satz war notwendig wegen dem Gefühl, das ich bekomme, wenn ich anderen helfen kann. Dieses Geschenk meines Vaters weiterzugeben, das er mir ein Leben lang vermittelte, bedeutet mir mehr, als ich sagen kann.

Nur mit der Dankbarkeit allein habe ich aber das Buch nicht angezogen. Ich musste auch beharrlich daran arbeiten und mich anstrengen. Das Führen meines Tagebuchs versetzte mich jedoch in eine dankbare Geisteshaltung und so entstand die Vision von meinem Ziel. Und dadurch konnte ich mich auf das große Ziel des Schreibens konzentrieren. Durch die Dankbarkeit konnte ich mich dafür öffnen, was geschehen und wie gut es sich anfühlen wird. Dies aktivierte eine großartige Schwingung. Wenn wir von diesem positiven Ort aus auf der Energieskala arbeiten, wird „Anstrengung“ von Leichtigkeit begleitet – und die Arbeit geht ganz leicht von der Hand.

Dankbarkeitsübungen können uns einen gewaltigen psychologischen und physischen Nutzen bringen. Die Wissenschaft hat gezeigt, dass eine aktive Dankbarkeitspraxis für weniger Angst und Furchtsamkeit im Gehirn wie auch im ganzen Körper sorgt. Gleichzeitig verbessern sich Stimmung, Konzentration und Schlaf. Zusätzlich öffnen sich dein Geist und dein Herz für die Fülle, die dich umgibt.

Obwohl wir sie mit unseren Augen oder den anderen Sinnesorganen nicht wahrnehmen können, entstehen durch die Dankbarkeit Verbindungen in deinem Universum, so wie eine drahtlose Verbindung zwischen zwei Geräten unsichtbar bleibt – aber die Kommunikation findet dennoch statt.

Die durch eine tägliche Dankbarkeitsübung entstehenden Gedankenmuster bringen Freude in jeden Tag und lassen uns erkennen, dass es ständig Gelegenheiten gibt, um „Danke!“ zu sagen. Alles schenkt uns eine Gelegenheit, um zu wachsen – und alles wird von unseren Gedanken und Gefühlen über unser Leben beeinflusst.

Mir gefällt, wie es Wallace Wattles in seinem Buch *„Die Wissenschaft des Reichwerdens“* formuliert hat: „Der dankbare Geist ist immer auf das Beste fixiert. Daher ist er bestrebt, zum Besten zu werden, er nimmt die Form oder den Charakter der Besten an und wird das Beste erhalten.“

Oft stehe ich zusammen mit meiner guten Freundin Peggy McColl auf der Bühne, um die Teilnehmer gemeinsam durch eine Übung zu führen. Dieser Seminarteil macht allen großen Spaß.

Wir lassen die Teilnehmer einen Brief an ihr zukünftiges Ich verfassen – und zwar so, als ob es bereits ein Jahr später wäre. Wenn sie mit dem Brief fertig sind, legen sie ihn in einen mit ihrer Anschrift versehenen Umschlag und kleben diesen zu. Ich behalte die Briefe ein Jahr lang bei mir und geben sie dann zur Post. Ich werde nie vergessen, als zum ersten Mal mein Brief im Briefkasten lag. Obwohl ich die Kraft dieser Übung kannte, war ich überrascht, wie viel von dem, was ich ein Jahr zuvor beschrieben hatte, sich in meinem Leben tatsächlich manifestiert hatte.

Du hast vielleicht eine andere Vorstellung davon, was es heißt, aus dankbarem Herzen zu leben. Tu', was immer sich für dich richtig anfühlt, aber tu' etwas. Das Wie ist längst nicht so wichtig wie das Tun an sich – verliere dich nicht in den Details des Wie.

In der Dankbarkeit zu leben wird deine Sichtweise auf alles um dich herum verändern. Sie wird jeden Tag verwandeln – und auch die Art und Weise, wie sich dein Leben gestaltet.

Blick aus unserem Haus am Wasser; angezogen mit der Methode des „Briefs an mein zukünftiges Ich".

ÜBERLEG MAL …

Nimm dir einen Moment Zeit und denke darüber nach, wofür du dankbar bist. Schließe die Augen und fühle es in deinem Herzen.

Spürst du, wie sich etwas in dir verändert? Ich fühle bei dieser Übung, wie mir das Herz aufgeht. Ich führe sie mehrmals täglich durch. Sie benötigt nicht viel Zeit, aber sie bewirkt einen gewaltigen Unterschied – nicht nur für den Moment, sondern für die Gestaltung meiner Zukunft.

Verfasse einen Brief an dein zukünftiges Ich.

1. *Beginne damit, dass du die Augen schließt und dir bildlich vorstellst, wie dein Leben in einem Jahr aussehen wird. Stelle dir vor, dass alles noch besser gelaufen ist, als gedacht.*
2. *Wie wirst du dich fühlen? Fange dann an zu schreiben und beglückwünsche dich selbst für deine Erfolge.*
3. *Schreibe aus der Perspektive, dass sich deine Herzenswünsche bereits verwirklicht haben.*
4. *Wähle emotional aufgeladene Worte, die dein Herz berühren und dir etwas bedeuten.*
5. *Das Ganze soll auch Spaß machen.*

Dies ist eine ausgezeichnete Übung, um deine Zukunft lebendig werden zu lassen.

Lasse dabei deiner Fantasie freien Lauf und notiere auch ein paar Dinge, die du gern möchtest, aber keine Ahnung hast, wie du sie erreichen kannst. Wichtig hierbei ist, dass du deine Kreativität in Gang bringst und viel Spaß dabei hast.

Diese Übung mag dir vielleicht albern erscheinen, aber es steckt viel Power darin. Sie eignet sich auch hervorragend für Kinder. Sie sollen sich vorstellen, was sie in den nächsten zwölf Monaten erreichen wollen. Du hilfst ihnen dann, es auszuformulieren und schriftlich festzuhalten.

Stecke deinen Brief in einen Umschlag, schreibe darauf das Datum von heute in einem Jahr und lege ihn dann in deinen Tischkalender oder deinen Terminplaner. Wenn dann der Tag gekommen ist, um den Brief zu öffnen, solltest du auf deine Gefühle beim Lesen achten. Wenn du ihn fertig gelesen hast, dann ist es eine gute Übung, anschließend gleich wieder einen Brief für das folgende Jahr zu schreiben.

In der Welt geht es mal rauf und mal runter – aber die Dankbarkeit sollte eine Geisteshaltung sein, eine Einstellung, die wir unabhängig von unseren täglichen Umständen leben. Was sich heute noch wie das Schlimmste anfühlt, kann sich am Ende als das Beste herausstellen. Vertraue dem Prozess! Und denke daran: Die Dinge entwickeln sich immer gut für dich.

Besorge dir ein Tagebuch oder Notizheft und nutze es für deine tägliche Dankbarkeitsübung. Lasse dich von nichts und niemand von dieser täglichen Übung abbringen – ohne Wenn und Aber.

NOTIZEN :

KAPITEL 4

SPRICH ÜBER DEINE GEFÜHLE

Vatertag

„Dad, du warst immer mein Held."
– Brian Proctor

Mein Dad wurde während der großen Wirtschaftskrise geboren und kurz danach schickte man seinen Vater nach Europa als Soldat im Zweiten Weltkrieg. Als sein Vater zurückkam, war er nicht mehr derselbe Mensch. So wie viele Männer damals hatte er tiefe Wunden davongetragen. Ich weiß nicht viel über meinen Großvater, mein Dad sprach nicht gern darüber. Wenn das Thema aufkam, sagte er: „Es ist, wie es ist", und lenkte dann das Gespräch auf sein schönes Leben und seine wundervolle Mutter.

Ich habe immer gestaunt, was für ein guter Vater mein Dad war, obwohl er das als kleiner Junge nicht erlebt hatte. Er sagte oft, dass er ein herrliches Leben führte und dass der Reichtum vielfältige Form annimmt, aber seine Familie bereitete ihm am meisten Freude.

Diese Liebe für das Vatersein hat er an mich weitergegeben. Mein Dad war für mich ein ausgezeichnetes Vorbild, dem ich nacheifern konnte. Er ermutigte und unterstützte mich, und was am wichtigsten ist: Er war immer für mich da. Da gab es kein Schwanken. Ich wusste, dass ich ihn jederzeit anrufen konnte und dass er sich immer über meinen Anruf freute.

Um 1980 wollte meine Mutter wieder heiraten und so zog mein Vater mit seiner großen Liebe Linda (die später seine Frau wurde) aus den USA zurück nach Kanada, um dort mit uns Kindern zu leben.

Linda war 18 Jahre jünger als mein Vater. Sie war also erst 27, als sie mit ihm nach Kanada ging. Leider war Linda bereits in diesem jungen Alter auf tragische Weise zur Witwe geworden. Ihr erster Ehemann war an einer unerwarteten, langen Krankheit gestorben. Wegen seiner Krankheit gab es für Linda und ihren Mann keine Möglichkeit, Kinder zu bekommen. Als Linda mit meinem Dad nach Kanada zog, bedeutete das für sie, nicht nur in ein neues Land zu ziehen, sondern auch, sich in eine fertige und aktive Familie mit drei Teenagern im Alter von 18, 16 und 14 Jahren einzugliedern.

Linda und mein Dad zeigten uns eine selbstlose und vollkommene Liebe. Sie lehrten uns die Bedeutung von Werten und Prioritäten.

Mein Dad musste in Kanada mit seinem Geschäft wieder von Null starten. Diesmal wollte er aber ein neues Geschäftsmodell entwickeln, bei dem er nicht so viel reisen und uns zuhause zurücklassen musste. Das bedeutete, dass es für ihn nötig war, sich vor Ort einen Ruf zu erarbeiten. Das war finanziell keine leichte Entscheidung, aber er war bereit, alles Erforderliche zu tun, damit wir alle zusammen sein konnten.

Linda und er heirateten, und bis seinem Tod hatte ihre Ehe fast vierzig Jahre gehalten. Mein Dad hat sein Buch „Erkenne den Reichtum in dir“

seiner Frau Linda gewidmet. Die Widmung lautet: „Linda gewidmet, die die Sonne aus dem Süden mitgebracht hat und sie bereitwillig mit Brian, Colleen und Raymond geteilt hat.“ Du kannst dir sicher denken, dass wir alle Linda sehr dankbar sind und sie sehr liebhaben.

Wenn ich das Glück hatte, am Vatertag in der Nähe zu sein, gab es in seinem Garten mit der ganzen Familie eine große Grillparty. Sein Garten war sein Heiligtum. Er war sein Lieblingsort und ich habe lebhafte Erinnerungen an diese Zeit. Wenn ich die Augen schließe, sehe ich ihn beim Anblick seiner Kinder, Enkel und Urenkel lächeln.

Und wenn ich an diesem Tag nicht bei ihm sein konnte, führten wir immer ein langes Telefongespräch und schwelgten in Erinnerungen. Es gab immer viel zu lachen. Mein Vater hatte ein großartiges Gelächter. Es war eine Art von Gelächter, das jeden zum Lächeln brachte. Man drehte den Kopf nach ihm um.

Heute, als ich diese Zeilen schreibe, ist gerade Vatertag. Am allerdankbarsten bin ich dafür, dass wir beide uns alles sagen konnten, was wir uns sagen mussten und wollten, bevor er von uns ging. So viele Menschen haben nicht dieses Glück, und mir ist bewusst, was für ein Geschenk es war.

Ich kann immer noch die Worte hören, die er mir in seinem Krankenhausbett sagte, und die zärtliche und liebevolle Art, mit der er sprach; er war so herzlich. Er wusste, dass ihm nicht mehr viel Zeit blieb, und er wollte sichergehen, dass jedes einzelne Familienmitglied verstand, wie sehr er es liebte.

Wenn er im Krankenhaus einschlief und ich neben ihm saß, tippte ich oft seine Worte in mein Telefon, um nichts davon zu vergessen. Ich sehe mir diese Notizen häufig an und spüre dann seine Liebe.

Erst vor einer Woche haben wir seine Urne an ihren endgültigen Ruheplatz gebracht. Es war ein schöner Tag. Die Vögel sangen und die ganze Familie war versammelt. Wir fühlten uns eingehüllt in Dads Liebe für uns und auch in unsere Liebe füreinander.

Jeder von uns sprach ein paar Minuten lang über etwas, das wir von Dad gelernt hatten. Es war bittersüß, uns auf diese Weise endgültig von ihm zu verabschieden. Aber genau das hätte er sich gewünscht: Dass wir alle gemeinsam seine Liebe wie eine herzliche Umarmung spüren.

Als ich an der Reihe war, etwas zu sagen, hatte ich nur einen Gedanken: Ich wusste, dass Dad zu mir sprach. Ich sollte dafür sorgen, dass die ganze Familie seine Liebe spürt. Und so sprach ich darüber, wie sich Dad auf unterschiedliche Art und Weise für jeden von uns Zeit nahm und wie er uns ganz individuell seine Liebe zeigte, und wie er uns gelehrt hatte, unsere Kinder, Freunde und Familie auf tiefe und bedeutungsvolle Weise zu lieben.

Ich erzählte etwas, das jeden zum Lachen brachte und gleichzeitig auch den absoluten Wunsch meines Vaters unterstrich, dass sich jeder von uns als etwas Besonderes fühlen sollte:

Es war im Krankenhaus, kurz vor seinem Tod. Ich saß schon mehrere Stunden bei ihm und es war spät in der Nacht. Als ich mich erhob, um zu gehen, zog er mich an sich heran. Seine Stärke und sein Tempo überraschten mich. Ich dachte, er wollte mir etwas sagen. Aber stattdessen zog er mir die Gesichtsmaske herunter und drückte mir einen dicken Kuss auf die Lippen. Dann blickte er mir tief in die Augen und sagte mir, wie sehr er mich liebt.

Ich weiß noch, wie ich zitternd und mit Tränen in den Augen das Krankenhaus verließ.

Mein Vater war ein starker und ganz besonderer Mensch. Ich kann mich nicht entsinnen, dass mein Vater mich im Erwachsenenalter jemals zuvor auf die Lippen geküsst hätte. Es kam völlig überraschend und die Intimität des Augenblicks fühlte sich an wie ein Energieaustausch. Ich konnte spüren, welche Kraft noch in ihm lebte.

ÜBERLEG MAL …

Wissen die Menschen, die dir im Leben nahestehen, wie sehr du sie liebst?

Bei deinen Liebsten darf es da nicht den geringsten Zweifel geben. Tu' es jetzt gleich. Sag es ihnen hier und jetzt. Ich weiß, dass mein Vater uns mit Frieden in seinem Herzen verlassen hat, weil so sein ganzes Leben war. Ich möchte dich ermutigen, seinem Beispiel zu folgen.

NOTIZEN :

„Schuldzuweisungen sind ein dummes Spiel."

– Bob Proctor

KAPITEL 5

DAS VERGEBEN

Die Freiheit finden

„Wahrhaftig zu vergeben bedeutet,
die Dinge so zu akzeptieren, wie sie sind,
das Gute daran zu behalten und den Rest loszulassen."
– Bob Proctor

Ein zu Herzen gehendes Telefongespräch mit meinem Vater war gerade zu Ende gegangen. Ich hatte ihn angerufen, weil ich mit ihm über dieses Kapitel sprechen wollte. Ich wollte ihm eine Frage zum Thema des Vergebens stellen, denn ich hatte schon oft miterlebt, wie er nach einem Verrat oder einer Verletzung seinen inneren Frieden wiederfand.

Im Lauf der Jahre erzählte er immer mal wieder von Leuten, die ihn übervorteilt hatten. Aber er schien keine negativen Gedanken gegen diese Personen zu hegen.

Er erklärte mir, dass er so daran gewöhnt ist, seinen Geist vor schädlichen Gedanken zu schützen, dass er seinen Verrätern überhaupt keine Beachtung schenkt. Er lässt sie nicht in seine Gedanken hinein. Und sollte das doch einmal der Fall sein, ersetzt er diesen Gedanken sofort durch einen anderen oder er beschäftigt sich mit einem seiner Hunde, um seinen

Fokus abzulenken. Er hat mit diesen Leuten keinen Kontakt mehr und wird auch keine Geschäfte mehr mit ihnen machen; er erlaubt es keiner Person oder Erfahrung, einen Schatten auf sein Leben zu werfen. Stattdessen entlässt er diese Menschen zu ihrem eigenen Wohl und kümmert sich nur um das seine.

Dann fügte er noch etwas hinzu, das ich von ihm schon oft in Seminaren gehört habe: „Du schadet nur dir selbst, wenn du an einem negativen Gedanken über einen Menschen festhältst. Zu vergeben hilft dir, nicht der anderen Person. Die meisten denken, wenn John mir etwas antut und ich ihm vergebe, dann hat John davon einen Vorteil. Nein, es ist zu meinem Nutzen. Ich lasse los, was mich ärgert. Indem ich die Verantwortung für meinen Seelenfrieden übernehme, kann ich wählen, wie ich mit der Situation umgehe."

Ich habe mal nachgesehen, wie Vergeben definiert wird:

> *Die Psychologen definieren das Vergeben im Allgemeinen als eine bewusste, absichtliche Entscheidung, Groll- oder Rachegefühle gegenüber einer Person oder Gruppe loszulassen, die uns geschadet hat. Und zwar unabhängig davon, ob diese Person oder Gruppe unser Vergeben verdient hat. Zu Vergeben bedeutet nicht, dass man vergisst, und es bedeutet auch nicht, dass man ein Fehlverhalten billigt oder entschuldigt.*

Diese Definition entspricht dem, was mein Vater mich gelehrt hat, und sie hilft mir zu erkennen, dass es beim Vergeben darum geht, wie diese Gefühle mich selbst beeinflussen.

Ich habe mich entschlossen, aus der Vergebung ein Abenteuer zu machen. Für mich ist das Wort Abenteuer positiv besetzt; ich verbinde es mit Erfahrung und Wachstum.

Vor einigen Jahren verhielt sich eine mir sehr nahestehende Person auf eine Weise, die mir extremen mentalen und emotionalen Schmerz brachte. Ich weiß noch heute, wie sich damals mein ganzer Körper anfühlte. Es war ein tiefer Schmerz, den ich in meinen Eingeweiden spürte und den ich nie wieder erleben wollte. Ich brauchte viel Zeit und Mut, um der Person zu vergeben.

Leider habe ich diese Beziehung dann noch zwei weitere Jahre fortgesetzt, nachdem ich erfuhr, was sie gesagt und getan hatte. Das tat ich, um mir sicher zu sein, dass ich alles erdenklich Mögliche versucht hatte, damit die Beziehung funktioniert.

Rückblickend war der Grund für mein langes Festhalten, dass ich Angst hatte, in den Augen meiner Familie und Freunde schwach auszusehen. Als Mann mittleren Alters wartete ich noch auf den großen Erfolg in einer Liebesbeziehung. „Was würden alle von mir denken, wenn es schon wieder schiefgeht?"

Es war ein Fehler, zu bleiben und nicht zu gehen. Indem es mir wichtig war, was andere über mich denken könnten, erschuf ich nur noch mehr inneren Schmerz und Groll. Das war nicht gesund.

Um weiterzukommen und mich von dem ganzen Unbehagen zu befreien, musste ich mich damit auseinandersetzen, wie es dazu gekommen war. Ich musste der Person vollständig vergeben. Und ich musste auch mir selbst vergeben. Indem ich die Sache so schleifen ließ und in einer Beziehung blieb, die mich und meine Prinzipien nicht respektierte, bestrafte ich mich selbst.

Dieser letzte Betrug überzeugte mich, dass ich mich nie wieder auf eine Beziehung einlassen wollte. Das hatte ich schon öfter gesagt, aber diesmal war es anders.

Ich weiß noch, wie mein Dad zu mir sagte: „Du kannst nicht die Uhrzeit ändern, zu der du heute Morgen aufgestanden bist." Ich liebe diesen Spruch – er ist eine solch einfache Erinnerung, immer nach vorn zu blicken und nicht zurück. Was in der Vergangenheit geschehen ist, das ist geschehen. Und jetzt ist es einfach nur ein Teil der Vergangenheit.

Wie können wir also einem anderen Menschen oder sogar uns selbst vergeben und ein „Abenteuer" daraus machen – eine Erfahrung, aus der wir etwas lernen? Mir gelang dies, indem ich mein Herz öffnete und daran arbeitete, meine Gedanken von Gefühlen wie Empathie, Sanftmut und Wohlwollen lenken zu lassen. Anfangs spürte ich nur eine momentane Befreiung, doch mit der Zeit konnte ich länger an diesen Gedanken festhalten. Schon bald spürte ich in meinem gesamten Wesen die Freiheit.

Mit Liebe zu mir selbst gab ich mir die Erlaubnis loszulassen. Loslassen bedeutet nicht, zu vergessen – es bedeutet, die Schärfe des Schmerzes zu lindern und ihn durch Selbstliebe zu ersetzen. Um dich selbst zu lieben, musst du lernen, loszulassen. Das Loslassen schwächte den Tumult, den meine Gedanken in meinem Körper verursachten. Schließlich spürte ich eine wachsende mentale, emotionale und physische Freiheit. Ich konnte endlich ausatmen.

In seinen Seminaren und Programmen ermutigte Bob Proctor die Menschen, einer Person Liebe zu schicken, die ihnen wehgetan hat – die Person, die deine Brust verkrampfen lässt und dir Bauchschmerzen verursacht, wenn du an sie denkst. Diese Person kannst sogar du selbst sein. Diese Übung schenkt dir innere Freiheit und Harmonie und wenn du dich konsequent daran hältst, befreit sie dich von Wut und Verletzungen. Wir schaffen uns damit einen Freiraum, damit das Gute in unser Leben treten kann.

Führe diese Übung in einem ruhigen Raum durch. Schließe die Augen und stelle dir den Menschen vor, der dich verletzt hat. Im nächsten Schritt füllst du Geist, Herz und Körper mit einer warmen Energie. Vielleicht wirst du bei dieser Übung sogar ganz emotional. Und das ist gut!

Fällt sie dir leicht? Möglicherweise nicht. In deiner Persönlichkeit zu wachsen, ist eine Entscheidung – und das Vergeben schenkt dir Freiheit. Du kannst beschließen, zu wachsen und frei zu sein. Durch das Vergeben gibst du dir Freiheit, das Alte hinter dir zu lassen und bessere Erfahrungen in deinem Leben zu machen, indem du die von Wut und Schmerz verursachte Blockade löst.

ÜBERLEG MAL …

*Hat dich eine Erfahrung,
Person oder Erinnerung verletzt?*

Wir können das Geschehene nicht ändern, und auch nicht unsere Außenwelt. Wir können einzig und allein ändern, wie wir damit umgehen. Wir können die Art und Weise unseres Fühlens und Denkens ändern.

Sobald du bemerkst, dass deine Gedanken um diese Erfahrung, Person oder Erinnerung kreisen, solltest du tief durchatmen und dich fragen: „Gibt mir dieser Gedanke Kraft oder raubt er mir Energie?“

Du brauchst in deiner Geschichte kein Opfer zu sein. Ein Opfer zu sein ist ganz etwas anderes, als wenn andere dich zum Opfer machen wollen.

Hör auf, anderen die Schuld zu geben, und achte ganz bewusst darauf, ob du dich in einem Kreislauf aus Schuldzuweisungen befindest. Dazu gehört auch, sich selbst die Schuld zu geben, denn das ist die schlimmste Form des emotionalen Missbrauchs.

Machst du deine Entscheidungen im Leben davon abhängig, was andere von dir denken könnten?

Die Sorge um die Anerkennung durch andere ist „Angst, entdeckt zu werden" oder „Angst, schlecht dazustehen". Es ist diese negative Schleife, in der man sich einredet, ein Schwindler zu sein. Sie kommt vom Zweifel an uns selbst.

Du musst dich dieser Angst stellen und das Bedürfnis nach Anerkennung loslassen. Wenn du das tust, entdeckst du dein authentisches Selbst.

Und wenn du den Teil von dir findest, dem die Meinung anderer egal ist, wird es dir leichter fallen, bedeutungsvolle Beziehungen aufzubauen. Denn dann stimmen deine Gedanken, Handlungen und Verhaltensweisen mit deinen Grundwerten überein.

Was würde passieren, wenn du nicht mehr so stark an den Gedanken festhältst, die deinen Geist kapern?

Denke immer daran, dass du die Kontrolle über dein Lebensdrehbuch hast und dass du es selbst gestalten kannst. Was würde als Nächstes in deinem Leben passieren, wenn du einfach das Ende des Seils loslässt, mit dem du gerade zu kämpfen hast, und deine Ressourcen für den Aufbau positiver, produktiver Verhaltensweisen freimachst?

NOTIZEN :

PARADIGM SHIFT

Ignorance

—

Worry/Doubt

Knowledge

+

Study

Understanding

Faith

Fear

Well-Being
Expression
Acceleration
At-Ease

CREATION

Anxiety
Suppressed
Depression
Dis-Ease

DISINTEGRATION

"Faith and fear both demand that you believe in something you cannot see. It's your choice."

BOB PROCTOR

KAPITEL 6

ENTSCHEIDUNGEN

Wie siehst du das?

„Sowohl der Glaube als auch die Angst verlangen von dir, von etwas Unsichtbarem überzeugt zu sein. Du entscheidest!"

– Bob Proctor

Wenn mein Vater darüber sprach, wie man die geistige Fähigkeit der Wahrnehmung einsetzt, betonte er immer wieder, dass nicht die Umstände, sondern unsere Entscheidungen das Leben schaffen, das wir uns wünschen. Was für den einen Menschen von Bedeutung ist, kann für den anderen unwichtig sein. Bei unserem Streben nach Wachstum und Wissen müssen wir unsere Wahrnehmung nutzen, um die Personen, Situationen oder Umstände aus vielerlei Blickwinkeln zu betrachten.

Es machte immer Spaß zu beobachten, wie sich Verwirrung im Raum ausbreitete, wenn mein Dad ein Buch hochhielt und die Teilnehmer fragte, ob sie die Vorder- oder die Rückseite sehen. Natürlich sagten sie, dass sie die Vorderseite sehen. Mein Dad bestand darauf, dass es die Rückseite war, was dann zu der Frage führte, wer wohl Recht hat. Am Ende machte er klar, dass alle Recht hatten: Die Teilnehmer blickten auf die Vorderseite, aber mein Vater, der das Buch hochhielt, konnte nur die Rückseite sehen.

Vor vielen Jahren erinnerte mich mein Dad an diese Lektion, als ich mir ein Florida ein Haus kaufen wollte. Ich hatte mich in ein Haus verliebt, das außerhalb meines Preisrahmens lag. Ich sprach mit ihm über das Haus und den Preis, und dass ich die Kosten für viel zu hoch hielt. Er hielt inne, sah mir in die Augen und fragte: „Im Vergleich mit was?" Als ich meinen Standpunkt verteidigen wollte und ihm den geforderten Preis nannte, erwiderte er: „Ist das alles?"

Mit diesen Worten veränderte sich meine Wahrnehmung schlagartig – und damit auch meine Sichtweise. Es war gerade so, als ob sich die Wolken in meinem Geist verzogen hatten.

Die Beziehung zu meinem Dad hat mich gelehrt, dass man sich manchmal den Glauben einer anderen Person borgen muss, wenn der eigene Glaube an uns selbst auf schwachen Füßen steht. Der Glaube von Bob Proctor an mich hat mir erlaubt, weiterzumachen, als ich nicht wusste, wie ich mein Ziel erreichen oder die Kraft dazu finden sollte.

Seit ich erwachsen geworden bin, gab es immer wieder Zeiten, in denen mein Dad und ich weit entfernt voneinander lebten. Aber auch in jenen Jahren fanden wir immer Möglichkeiten, uns zu sehen. Ein Jahr lang hatten Linda und er ein Haus in Florida gemietet, das nicht weit entfernt von meinem lag. Da er jetzt ganz in der Nähe war, konnten wir viel ruhige, wertvolle Zeit miteinander verbringen.

Als er in jenem Jahr in Florida war, wusste ich, dass ich seinen Glauben an mich brauchte. Ich kämpfte erneut mit der Entscheidung für ein Haus, die weit außerhalb meiner Komfortzone lag. Tief im Herzen wusste ich, dass ich es tun wollte, aber ich hatte Angst. Ich brauchte den zusätzlichen Anstoß.

Und niemand kann einen besser anspornen als Bob Proctor. Aus

Erfahrung wusste ich: Wenn ich meinen Vater frage, ob ich etwas tun soll, das außerhalb meiner Komfortzone liegt, dann stelle ich mich bereits darauf ein, es zu tun. Also sagte ich ihm, dass ich seinen Rat brauche, und fragte, ob wir beim Mittagessen darüber sprechen können.

Als wir dann in der schönen Sonne Floridas draußen saßen, ließ ich meinen Gedanken freien Lauf. Er hörte mir geduldig zu, als ich ihm von dem zweiten Haus erzählte, das Cory und ich gekauft hatten. Es lag am Südende eines Meeresarms im US-Bundesstaat Washington. Die Lage ist herrlich und bietet einen weiten Panoramablick. Das Haus war 1903 erbaut und im Lauf der Jahre immer wieder notdürftig repariert worden, aber jetzt standen zahlreiche Arbeiten an. Im Grunde hätte das Haus abgerissen werden müssen, weil es so nah am Wasser stand; viel näher am Wasser, als ein Haus heute gebaut werden darf. Deshalb musste man es als Restaurierungsobjekt betrachten. Das erforderte mehrere Genehmigungen, behördliche Untersuchungen – und natürlich erhebliche Kosten.

Das alles fühlte sich extrem kompliziert und kostenintensiv an, weil wir das alles schaffen wollten, ohne einen Kredit aufnehmen zu müssen. Im Verlauf des kommenden Jahres würden wir dafür eine große Geldsumme benötigen – Geld, das wir nicht hatten. Sicher, einen Teil hatten wir schon, aber längst nicht genug, um dieses Projekt bar bezahlen zu können, und wenn wir erst einmal den Vertrag unterschrieben hatten, waren wir in der Pflicht.

Ich erläuterte ihm all die verschiedenen Ideen, die Cory und ich dazu hatten, wie es funktionieren könnte.

Mir geht es hierbei um Folgendes: Ich rang zwar mit der Entscheidung, aber ich wusste auch, wie sehr ich es wollte, also war ich letztendlich im Einklang mit meinem Verlangen. Mein Herz wollte sofort drauflosstürmen, aber mein Kopf wollte mich bremsen … ich bekam es mit der Angst zu tun.

Aber wie ich schon sagte: Ich hätte nicht Bob Proctor – meinen Vater – um Rat gefragt, wenn ich es nicht wirklich hätte tun wollen. Indem ich mit ihm darüber sprach, legte ich mich unwiderruflich fest.

Als ich ihm erläuterte, wie wir unser Einkommen steigern konnten, wurde ich richtig begeistert. Schließlich bremste mich mein Dad und wollte von mir wissen: „Brian, willst du das wirklich? Wenn dein Verlangen stark genug ist, wirst du einen Weg finden, um es zu verwirklichen. Du brauchst nicht hier und jetzt alles schon fertig planen. Wenn die Idee dir Angst macht, bist du wahrscheinlich in der richtigen Spur."

Während ich so dasaß und mich selbst reden hörte, da wusste ich, dass ich fest entschlossen war, es durchzuziehen. Aus meinem Verlangen wurde rasch eine Entscheidung und diese wurde zu einer unumstößlichen Festlegung. Das gehört zu dem Wunder, wenn man sich in der Energie von Bob Proctor befindet; alles erscheint einem möglich und häufig erlebt man wahre Quantensprünge.

Nach diesem Mittagessen wusste ich, dass ich nicht mehr zurückschauen würde. Und so schrieb ich mir dieses Ziel jeden Tag auf, dachte darüber nach und fügte immer mehr Details des fertigen Hauses hinzu. Cory und ich sprachen jeden Tag beim Abendessen darüber. Wir waren ganz aufgeregt und unterhielten uns darüber, wie es sein werde, wenn alle Kinder im Haus wohnen, und wie wir uns dabei fühlen. Die Energie, die wir in unser Projekt strömen ließen, trug dazu bei, dass uns die Verwirklichung unseres Ziels noch realer vorkam. Jeden Tag wurde uns klarer, was wir dafür zu tun hatten. Ich achtete auf die täglichen Gelegenheiten, um aktiv zu werden.

Schon bald war ich von der Aufgabe besessen! Und Besessenheit ist das, was du brauchst. Du musst mit deinem Verlangen verschmelzen. Mein Dad hatte mich diese Lektion immer wieder gelehrt, solange ich zurückdenken kann, und ich muss lachen, wenn ich an seine Geduld denke, mit der er mir 57-Jährigem zuhörte, als ich ihn fragte, ob ich es tun soll.

Heute, während ich diese Zeilen schreibe, leben Cory und ich in diesem wunderschönen, nach unseren Wünschen umgebauten Haus am Wasser und wir genießen jede Minute darin. Und wir sind auch stolz auf alles, was wir getan haben, um unser Ziel zu erreichen.

Wir fokussierten uns nur noch darauf, wie es geht, und schenkten den Gründen, warum es nicht gehen könnten, keinerlei Energie. Und das Ergebnis war, dass wir nach relativ kurzer Zeit das Haus errichten konnten, das wir wollten – und zwar genau so, wie wir es wollten.

Bei unseren Matrixx-Events in Toronto arbeiteten wir eng mit allen Teilnehmern, um sie in den ersten Phasen der Zielsetzung zu coachen und ihnen dabei zu helfen, ihr großes Ziel festzulegen – ein Ziel, das sie gleichzeitig begeistert und ihnen Angst einjagt. Im ersten Teil arbeiteten wir an ihrer Vision und halfen ihnen, mit treffenden, begeisternden Worten eine emotionale Verbindung zu dieser Vision aufzubauen. Anschließend ging es im Coaching darum, dass sie offen dafür sind, ihre Glaubenssätze in Bezug auf große Ziel zu hinterfragen.

Und schließlich leiteten wir sie darin an, wie sie in diesem Stadium die Frage nach dem Wie hinter sich lassen können. Genau das tat mein Dad mit mir an jenem Tag in Florida. Sobald er mich in die richtige Spur gelenkt hatte, konnte mich nichts mehr aufhalten.

Wenn ich jetzt an etwas arbeite, von dem ich weiß, dass ich dafür über mich hinauswachsen muss, denke ich daran, wie ich mit ihm in diesem Restaurant in Florida saß. Indem ich mich zurücknehme und meine Wahrnehmung variiere, kann ich unterschiedlich Sichtweisen erschaffen, die alles verändern. Das größte Wachstum habe ich immer dann erfahren, wenn ich mich am unwohlsten fühlte.

Dieses Zitat von Steve Jobs verwende ich gern:

> *„Wenn man nach vorne blickt, kann man die Zusammenhänge nicht erkennen. Erst in der Rückschau erkennt man sie. Deshalb müssen wir darauf vertrauen, dass sich die Dinge in der Zukunft irgendwie für uns fügen werden. Wir müssen auf irgendetwas vertrauen – auf unser Bauchgefühl, das Schicksal, das Leben, das Karma, auf was auch immer. Dieser Ansatz hat mich nie im Stich gelassen und war mir stets das Wichtigste im Leben."*

Diese Worte von Steve Jobs ergeben für mich sehr viel Sinn. Ich hätte mir nie vorstellen können, welche Hindernisse sich mir bei der Verwirklichung einiger meiner größten Ziele in den Weg stellen würden, geschweige denn, dass ich sie hätte planen können. Die Details der Herausforderungen zu kennen, hätte mich möglicherweise zurückgehalten. Deshalb ist der Glaube an dein Ziel und an deine Fähigkeit, es zu erreichen, von so entscheidender Wichtigkeit. Ich bin an einem Punkt angelangt, an dem mich das Gefühl der Angst begeistert, weil ich weiß, dass es Wachstum bedeutet. So wie Bob Proctor es sagte: „Hör auf, zu viel nachzudenken; es ist in Ordnung, wenn du die Antworten nicht kennst. Die Antworten kommen, wenn du sie am wenigsten erwartest. Entspanne dich."

ÜBERLEG MAL ...

Hast du ein Verlangen, das du beiseite schiebst, weil du dir nicht vorstellen kannst, wie du es verwirklichen sollst?

Alles ist möglich. Es spielt keine Rolle, ob du klein anfängst oder ob es bis zur Zielerreichung noch eine Weile dauert – dein Wachstum geschieht auf der Reise.

Bleibe offen für die Tatsache, dass alles für dich möglich ist. Glaube an dich selbst und umgib dich mit Menschen, die ebenfalls an dich glauben. Dadurch bringst du noch mehr von dir selbst zum Vorschein.

Und wenn du dein Ziel erreichst, wirst du etwas noch Schöneres geschaffen haben, als du dir ursprünglich vorgestellt hast.

Was bedeutet es, meine Wahrnehmung zu verändern?

Es kann dein Wachstum verhindern, wenn du im Lauf der Zeit bei nur einer einzigen Sichtweise auf dein Leben bleibst. Denke daran, wie oft wir uns auf unseren Standpunkt als den richtigen, den einzigen oder den besten Weg versteifen. Mach dir deshalb lieber klar, dass es sehr wohl einen besseren Weg geben kann – der sich von dem unterscheidet, den du jetzt gerade siehst.

Dein Blickfeld erweitert sich, wenn du offen für die Gewissheit bleibst, dass alles nur eine Frage der Wahrnehmung ist. Im Gespräch mit anderen bin ich mir dessen sehr bewusst; ich halte meine Idee nie für den einzigen Weg. Mein Dad hat mich gelehrt, offen für die grundlegende Tatsache zu sein, dass alles viele Seiten hat.

NOTIZEN :

Blockaden lösen

„Du bist das einzige Problem, das du je haben wirst, und du bist auch die einzige Lösung.“
– Bob Proctor

Du musst verstehen, dass alles vorübergeht – auch das Gefühl, festzustecken.

Wenn du im Leben nicht da bist, wo du sein willst, dann liegt es an dir, zu entscheiden, etwas dagegen zu tun. Nichts lässt sich ohne Anstrengung erreichen. Und das Beste daran ist: Wenn du eine Entscheidung triffst und aktiv wirst, dann siehst du schon sehr bald die Dinge mit anderen Augen. Das Schwierige ist indes die Entscheidung – sobald du sie getroffen hast, gleicht dein Fokus einem Laserstrahl und du bewegst dich ganz gezielt voran.

Bei unseren Seminaren bringen wir manchmal Gäste und Entertainer auf die Bühne. In Los Angeles hatten wir einmal den Comedian und Motivationsredner Kyle Cease zu Gast. Auf der Bühne sagte Kyle etwas, das jedem im Gedächtnis haften blieb: „Wenn du mit einer Entscheidung ringst, kannst du nur das abschätzen, was du aufgibst, aber nicht das, was du gewinnst.“

Aber gerade dieses Unbekannte hält uns dort fest, wo wir sind, selbst wenn das bedeutet, unglücklich zu sein. Festzustecken bedeutet, dass wir wissen, was wir zu erwarten haben … also bleiben wir dort, weil Veränderungen uns Angst machen und wir den Vorteil, den uns die Veränderung vielleicht bringt, nicht abschätzen können.

Immer wenn ich mit mir selbst kämpfte, stellte mein Dad mir Fragen: „Brian, welche Glaubenssätze schränken dich hier ein? Warum hältst du daran fest und was kannst du tun, um sie zu ändern?“

Diese Fragen regten mich zum Nachdenken an. Mein Dad wusste, dass er mich dazu bringen musste, meine Denkweise zu überprüfen und mich mit dem auseinanderzusetzen, was mich zurückhielt. Das konnte es mir dann ermöglichen, eine notwendige Veränderung herbeizuführen, um meine nächste Stufe zu erreichen.

Bei einem dieser Gespräche mit meinem Vater ging es darum, dass ich einen inneren Widerstand spürte, wenn ich bei unseren Events auf der Bühne sprechen sollte. Ich wusste, dass ich den Teilnehmern etwas zu geben hatte, aber ich war vorher immer so nervös, dass ich oft befürchtete, aus lauter Nervosität meine Botschaft nicht gut genug vermitteln zu können.

Wenn wir für ein Event unterwegs waren, setzten wir beide uns am frühen Morgen in seinem Hotelzimmer für eine Tasse Kaffee zusammen, bevor der Tag losging. Das war für uns beide ein ganz besonderer Moment. Bei einem dieser Morgen erzählte ich ihm von meiner Angst, am Nachmittag auf der Bühne zu stehen. Ich hatte das Gefühl, in einem Kreislauf der Angst festzustecken.

Dad blickte mir direkt in die Augen und sagte zwei Dinge, die für mich alles veränderten. „Zunächst einmal“, erklärte er mir, „geht es dich überhaupt nichts an, was diese Leute über dich denken“. Das hatte ich bei vielerlei Gelegenheiten schon oft von meinem Dad gehört, aber es in dieser Situation auf mich selbst zu beziehen, gab ihm eine neue Bedeutung. Und was er danach sagte, löste meine Blockade. Er meinte zu mir: „Wenn du auf der Bühne nervös bist, liegt dein Fehler darin, dass du mehr über dich selbst nachdenkst als über den Wert von dem, was du den Teilnehmern zu geben hast. Alles wird sich für dich verändern, wenn du deinen Fokus nicht länger auf dich selbst richtest, sondern darauf, den Menschen zu dienen."

Dann zeigte er mir noch, dass ich mit der Gruppe so umgehen soll, als ob ich mich ganz relaxt mit einem Freund unterhalte. Und er sagte: „Brian, du hast etwas zu geben, selbst wenn es nur einem einzigen Menschen weiterhilft. Deshalb sind wir hier. Deshalb geben wir unser Wissen und unsere Erfahrungen weiter. Und darum erzählen wir unsere Geschichten. Alles, damit andere davon profitieren. Richte deinen Fokus nach außen und darauf, den Menschen etwas Wertvolles zu bieten."

Dieses Gespräch löste meine Blockade. Seitdem habe ich mich nie mehr davor gefürchtet, vor Publikum zu sprechen. Falls ich doch mal etwas zögerlich bin, atme ich tief durch, richte meinen Fokus auf die Menschen vor mir und denke an das Gespräch mit Dad in seinem Hotelzimmer. Und dann spreche ich tief aus dem Herzen heraus.

Eine Übung hilft mir, wenn ich mich ängstlich fühle: Ich versetze mich dann völlig ins Hier und Jetzt. Unser Geist verursacht unser gesamtes Leiden. Wenn wir gestresst oder ängstlich sind, leben wir entweder in der Vergangenheit oder wir malen uns ein düsteres Bild der Zukunft. Ich habe mich darauf trainiert, meine Gedanken ganz bewusst auf das zu lenken, was ich hier und jetzt tun kann, um diesen Moment besser zu machen. Ich frage mich: „Wie kann ich meinen Beitrag leisten?" Und dann gebe ich mir einen Schubs, um mich einzubringen und mich zu zeigen.

Begeistere dich für das, was vor dir liegt, und freue dich über den heutigen Tag. Das wird dir helfen, nicht länger festzustecken.

ÜBERLEG MAL ...

Wie kannst du deine einschränkenden Glaubenssätze loswerden?

Indem du sie durch neue Glaubenssätze ersetzt.

Meistens sind wir uns unserer hinderlichen Glaubenssätze nicht bewusst. Wir vermuten nicht einmal, dass unsere Gedanken und Glaubenssätze uns eventuell zurückhalten.

Damit sich etwas positiv verändern kann, müssen wir daher unsere Glaubenssätze analysieren – in Bezug auf Geld, Liebe, Beziehungen, Arbeit, Geschäft usw. – und wir müssen es häufig tun.

Sobald du sie erkannt hast, solltest du sie dir aufschreiben. Diese Einschränkungen kannst du verändern, indem du mit deinen Gedanken etwas Neues kreierst. Formuliere ihr exaktes Gegenteil!

Damit kannst du ein Verhaltensmuster ändern, das vielleicht schon Generationen in deiner Familie existiert. Du kannst diese Verhaltensmuster stoppen, indem du einen Glaubenssatz veränderst, der dich und andere zurückhält.

Ebenso ist es wichtig, dass du herausfindest, an welchen alten Wunden du festhältst und aus welchem Grund. Was ruft diese Erinnerungen wach? Diese Wunden können zu einem Teil unseres Glaubenssystems werden und das Festhalten daran ist oft ein Bewältigungsmechanismus, mit dem wir vermeiden, dass wir die Verantwortung für die gegenwärtigen Umstände zu tragen haben.

Wenn du diese Erkenntnis hell aufleuchten lässt, kann die Heilarbeit beginnen.

Versuche es mit dieser Übung:

Schließe die Augen und denke an das, was du wirklich willst. Wie fühlst du dich jetzt? Kannst du sehen, wie es sich verwirklicht, oder kommt dir ein hinderlicher Glaubenssatz in die Quere?

In diesen Momenten, wenn du dein Ziel bildlich vor dir siehst, kannst du deine störenden Glaubenssätze identifizieren, indem du darauf achtest, welche Gedanken sich deinem Verlangen in den Weg stellen. Zum Beispiel so: „Das geht nicht, weil …" oder „Wer meinst du denn, wer du bist, um das sein, tun oder haben zu können?"

Mache dir aber keine Vorwürfe wegen dieser sich wiederholenden Gedanken. Du trägst keine Verantwortung für die Glaubenssätze, die du dir bis heute angeeignet hast. Aber du bist jetzt dafür verantwortlich, sie zu ändern.

Statt dich über dich selbst zu ärgern, solltest du dich einfach bewusst darauf fokussieren, sie durch Gedanken zu ersetzen, die zu deinem Verlangen passen. Richte deinen Fokus darauf aus, deinen Geist zu stärken, indem du dich mit positiven Selbstaffirmationen auf störende Gedanken vorbereitest.

Wähle einen neuen Kanal und sorge dafür, dass er immer stärker wird, indem du viel Zeit dort verbringst. Dein neuer Kanal, also deine neue Denkweise, soll zur lautesten Stimme in deinem Kopf werden.

NOTIZEN :

Mein Dad und ich bei einem Besuch in Florida

KAPITEL 7

EINEN EINDRUCK HINTERLASSEN

Bleibende Paradigmen erschaffen?

„Wir gehen diesen Weg nur einmal.
Wir können entweder auf Zehenspitzen durchs
Leben trippeln und hoffen, dass wir es ohne große Schrammen
bis zum Tod schaffen, oder wir können
ein erfülltes Leben führen, indem wir unsere Ziele erreichen und
unsere wildesten Träume verwirklichen."
– Bob Proctor

Ich erwähnte ja bereits, dass ich häufig gefragt werde, wie es denn so war, Bob Proctor als Vater zu haben. Die folgende Geschichte aus dem Blickwinkel eines kleinen Jungen gibt einen winzigen Teil meiner Antwort wieder.

Ich erzähle oft diese Geschichte, weil sie einen unglaublich großen Einfluss auf mich als kleines Kind hatte und weil die Erinnerung daran mich noch heute bewegt. Die Geschichte handelt von etwas ganz Einfachem – einem von meinem Dad kreierten Schlafenszeit-Ritual.

Wenn Dad nicht auf Reisen war, brachte er mich jeden Abend ins Bett. Er hatte eine ganz besondere Art, meinen Tag zu beenden. Mit einem Ritual sorgte er dafür, dass ich mich vor dem Einschlafen einzigartig, geliebt und wahrgenommen fühlte.

Er setzte sich zu mir ans Bett und legte eine Hand auf meine Brust. Dann erklärte er mir mit leisen, ermutigenden Worten, was für ein herrliches Leben ich führte und was für ein großartiger Mensch ich war. Seine Worte zeigten mir, dass er mitbekam, wer ich war und wie ich mit mir selbst und meinen Mitmenschen umging. Manchmal sprach er etwas an, das er an mir beobachtete oder das in meinem Leben gerade vor sich ging, und er half mir, das Gute darin zu sehen, selbst wenn es etwas war, das ich für schlecht hielt. Er brachte mir bereits in diesem zarten Alter bei, dass in allem etwas Gutes liegt.

Er half mir, meine Glaubenssätze zu wählen und zeigte mir, wie ich sie mit nützlichen Gewohnheiten verbinden konnte. Mit dieser Übung lehrte er mich, wie man Ideen in das Unterbewusstsein einpflanzt.

Mein Dad hörte mir mit ehrlichem Interesse zu und er blieb stets geduldig. Heute ist mir klar, dass er auf diese Weise dafür sorgte, dass ich mich angenommen und geliebt fühlte, damit ich mich verletzlich zeigen und ihm meine Gedanken offenbaren konnte. Er lehrte mich auch, nachzudenken und zu überprüfen sowie den Unterschied zwischen meinen Worten und Taten zu hinterfragen.

Dabei sprach er stets mit sanfter Stimme und mit einer Hand auf meiner Brust, um den physischen Kontakt aufrechtzuerhalten.

Bevor er dann das Zimmer verließ und mir eine gute Nacht wünschte, sagte er noch: „Brian, du bist fähig, alles zu sein, zu tun oder zu haben, was du dir wünschst. Wenn du morgen früh aufwachst, fühlst du dich großartig und hast ein breites Lächeln im Gesicht."

Dieses Einschlafritual habe ich für meine eigenen Kinder übernommen, als sie noch klein waren. Ich nannte es unseren „Traumpakt". Auf diese Weise konnten sie sich positive Gedanken einprägen und Glaubenssätze oder Verhaltensweisen übernehmen, die ihnen helfen, sich zu selbstbewussten und gesunden Erwachsenen zu entwickeln.

Zur Schlafenszeit setzte ich mich zu meinen Kindern ans Bett und erfand Geschichten mit positiven Bildern, wo sie die Helden waren. Ich flocht Botschaften der Stärke in ihre Herzen und ihren Geist, um ihnen zu verdeutlichen, dass in ihrem Leben sie selbst das Sagen haben. Wir sprachen auch über ihren Tag. Ich hob all das Gute hervor und zeigte ihnen, was sie positiv bewirkt haben. Mit diesen Gedanken konnten sie lächelnd in den Schlaf sinken, mit einem Gefühl von Selbstvertrauen und Können.

Meine Beziehung zu meinen Kindern war immer von Liebe und Ehrlichkeit geprägt. Meiner Meinung nach erlebten wir nur selten schwierige Zeiten. Sie waren immer selbstbewusste, liebevolle Menschen, und ich bin stolz auf sie.

Mein Aufwachsen mit Bob Proctor als Vater und Mentor hat die Voraussetzungen dafür geschaffen. Dieses von ihm geschaffene Einschlafritual ist ein hervorragendes Beispiel für eine Konditionierung, die als positives Paradigma inzwischen an die dritte Generation weitergereicht wurde.

Das Beispiel meines Dads half mir, auch die nächste Generation mit Liebe, Sanftmut und Verständnis zu erziehen.

Vier Proctor-Generationen

Und nun, da meine Kinder ihre eigenen Familien gründen, sehe ich, wie sie mit ihren Kindern umgehen. Ich weiß, dass mein Dad das als kleiner Junge nicht selbst erfahren hat. Mit diesem Ritual hat er aber die Grundlage für die Liebe und Zuneigung geschaffen, die drei – mittlerweile vier – Generationen miteinander verbindet; und alles begann mit etwas, das er sicher nur als einfache liebevolle Geste ansah.

Die kleinsten Dinge im Leben sind oft am bedeutsamsten und können zur größten Quelle des Glücks in unserer gesamten Existenz werden.

Diese von meinem Vater kreierte Übung ist so sehr ein Teil meines Unterbewusstseins geworden, dass ich selbst jetzt, Jahrzehnte später, wenn ich schlafen gehe, seine Hand auf meiner Brust spüre, die mich anleitet, sein, tun und haben zu können, was immer mein Herz begehrt. Die Erinnerung daran versetzt mich augenblicklich in einen Zustand der Dankbarkeit.

Ich liebe das folgende Zitat von Maya Angelou und ich denke oft daran, wenn ich mich mit Menschen unterhalte. Es erinnert mich daran, mich so zu verhalten, dass man mich als einen Menschen in Erinnerung behält, der anderen ein gutes Gefühl schenkt.

„Ich habe gelernt, dass die Menschen deine Worte vergessen; sie vergessen auch deine Taten, aber sie vergessen nie, welches Gefühl du ihnen gibst."
– Maya Angelou

Und es ist nie zu spät, ein solcher Mensch zu sein. Es beginnt immer mit uns selbst.

ÜBERLEG MAL ...

Welche Art von Verhalten lebst den Menschen in deiner Nähe und der Welt vor?

Wenn du Kinder hast: Was lehrst du deine Kinder durch deine Worte, Gefühle, Gedanken und letztendlich durch dein Verhalten? Wir wissen, dass Kinder aus dem lernen, was sie sehen, erfahren und fühlen. Und die Erinnerungen, die sich in uns in jungem Alter verankern, haben sehr viel Kraft. Wir vergessen sie nie und sie bringen uns entweder weiter oder wir versuchen unser ganzes Leben lang, sie zu vergessen, damit wir unsere Zukunft gestalten können. Doch ob es uns gefällt oder nicht, sie bilden unser Fundament.

Jeder Tag ist eine neue Gelegenheit.

Du hast hier und jetzt die Möglichkeit, einen generationsübergreifenden Wandel in Gang zu setzen, indem du neue Paradigmen schaffst und sie weitergibst; Paradigmen, die zu mehr Selbstvertrauen und Selbstwertgefühl führen. Ob deine Kinder noch klein oder bereits erwachsen sind – es ist nie zu spät, deinen Einfluss geltend zu machen.

NOTIZEN :

Familienausflug 1977

Unterwegs

„Die wahre Freude im Leben sind die alltäglichen Erfahrungen"
– Bob Proctor

1976 stellte Cadillac das letzte Cabrio-Modell her. Es war ein wunderschöner Eldorado, der die Herzen höher schlagen ließ, und Bob Proctor wollte diesen Wagen. Mein Dad sprach dauernd darüber, wie es sich anfühlen würde, ihn mit offenem Verdeck zu fahren, und dass er sich schon im Fahrersitz sehen konnte.

Ich erinnere mich lebhaft an den Tag, als er mit diesem Auto bei uns zuhause ankam. Der Wagen mit seinem glänzenden weißen Äußeren und der hellbraunen ultra-weichen Lederausstattung schien zu schweben. Er war enorm groß, selbst in jenen Tagen der Riesenschlitten. Dieses Modell schien den Raum um sich herum zu beherrschen. Für meine jungen Augen sah es so aus, als würde er unsere gesamte Einfahrt einnehmen.

Wenn ich die Augen schließe, fällt es mir leicht, die Erinnerung daran wachzurufen, wie mein Vater den Wagen nach Hause brachte. Ich spüre, wie sich die Sonne an diesem Tag anfühlte, und sehe den Stolz und die Freude, die Dad ausstrahlte, als er uns Kindern die Funktionen und feinen Details erklärte. Selbst die Nachbarn wurden beim Vorbeigehen langsamer, um genau hinzusehen. Uns Kindern erschien das Auto wie pure Magie.

Im Haus meines Vaters hängt ein Bild im Erdgeschoss. Das Familienfoto wurde irgendwo mitten in der Wüste im Südwesten der USA aufgenommen. An unseren Haaren lässt sich erkennen, wie stark der Wind in dieser rauen Umgebung wehte. Das Foto stammt von einem Roadtrip mit diesem Wagen. Es war eine ganz besondere Zeit, die das Herz meiner jungen Seele sehr beeindruckt hat.

Kurz nachdem mein Dad dieses Auto erworben hatte, nahm er mich und meine Geschwister mit auf eine Fahrt quer durch das Land. Wir fuhren von Toronto, Kanada, nach Los Angeles in den USA. Das war im Sommer 1977. Ich war 15, meine Schwester Colleen 13 und mein Bruder Raymond war 11 Jahre alt. Beim Zurückdenken an diesen Trip schwelgen wir noch heute in Erinnerungen. Auf dieser Fahrt lernte ich auch, was es heißt, den Moment zu genießen.

Ich bin mir nicht sicher, wie viele Tage der Trip dauerte, aber ich weiß genau, dass wir unterwegs sehr viel Spaß hatten. Es ging uns überhaupt nicht darum, so schnell wie möglich nach Los Angeles zu kommen. Alles drehte sich nur darum, die Reise zu genießen und unterwegs viel zu erleben. Dieser Trip wurde für mich zum Sinnbild dafür, stets die Reise zu genießen.

Wenn auf dieser Fahrt einer von uns aus irgendeinem Grund anhalten wollte, dann hielten wir an. Und wir hielten häufig und wahllos an, so als ob wir alle Zeit der Welt und überhaupt keine Eile hätten, irgendwo anzukommen. Wir fuhren rechts ran, um uns an einem Fluss im Angeln zu versuchen oder uns eine interessante Felsformation anzusehen. Wir erforschten kleine Städte oder aßen in einem örtlichen Restaurant. In Kansas erlebten wir sogar eine Parade, bei der die Abenteuer der verbrecherischen Dalton-Brüder nachgespielt wurden. Und in Arizona sahen wir uns den Petrified Forest und den Meteor Crater an. Ich weiß noch, dass wir einmal in einem kleinen Motel übernachteten, einfach nur, weil es da einen Pool gab, in dem wir gern schwimmen wollten.

Vor allem aber erinnere ich mich an das schallende Lachen von uns allen und an die Energie der Freude, die den Wagen erfüllte, als wir mit geöffnetem Verdeck durch die Wüste fuhren und uns der Wind die Haare zerzauste.

Mein Dad wollte immer etwas entdecken. Er lehrte uns den gleichen Sinn für Neugier und Staunen, und indem er unsere Ideen anhörte und darauf einging, gab er uns das Gefühl, dass er unsere Gedanken ernst nahm. Er nahm sich die Zeit, mit uns über den Fortlauf der Reise zu sprechen, und zeigte uns so, dass unsere Wünsche für ihn wichtig waren.

Ich selbst unternahm mit meinen Kindern Wochenendausflüge und ließ sie bei der Planung mitwirken, damit sie sich ebenfalls ernst genommen fühlten. Sie durften das Ziel aussuchen und wir blieben dort offen für alle unerwarteten Möglichkeiten. Wir forschten und entdeckten gemeinsam ohne festen Plan, aber das Wichtigste war uns, viel Zeit miteinander zu verbringen.

Diese bewusste gewählte Weise des Zusammenseins mit Danny und Leanne führe ich auf die Wirkung zurück, die die Urlaubsreisen, Kurztrips und Treffen auf dem Land mit meinem Vater auf mich im Laufe meines Lebens hatten.

Bis zum heutigen Tag erinnern sich meine Kinder an diese Abenteuer. Diese gemeinsame Zeit hat unsere Beziehung geprägt und zu ihrer Persönlichkeitsbildung beigetragen. Und ich freue mich schon darauf, wenn sie mir erzählen, welche unvergesslichen gemeinsamen Erlebnisse sie mit ihren eigenen Kindern hatten.

ÜBERLEG MAL ...

Was bedeutet es für dich, im Hier und Jetzt zu sein?

Sei präsent – ganz besonders im Umgang mit deinen Liebsten. Verbinde dich mit deinen Mitmenschen und sei in einer ruhigen Minute dankbar für diese Verbindung.

Lege dein Handy beiseite und stelle Augenkontakt her. Genieße die persönlichen Gespräche mit den Menschen in deinem Leben. Frage sie, wie es ihnen geht; höre ihnen zu, nimm sie in den Arm und sei präsent.

Gehe achtsam mit dir selbst um – du bist es wert.

Was kannst du tun, um dauerhafte Beziehungen zu knüpfen?

Gemeinsame Erlebnisse und bewusst wach gehaltene Erinnerungen sind ein wichtiger Teil dessen, was die Menschen miteinander verbindet, insbesondere wenn die Zeit vergeht und sich unser Leben in verschiedene Richtungen entwickelt. Diese gemeinsamen Erlebnisse stärken das Gefühl der Verbundenheit.

Achte bewusst darauf, das Leben deiner Mitmenschen zu bereichern. Das kann etwas so Simples sein wie einfach nur aktiv zuzuhören.

Eine bedeutungsvolle Beziehung zu unseren Mitmenschen stärkt unsere Selbstachtung und das Gefühl für unseren Lebenssinn. Welche Schritte kannst du unternehmen, um noch heute eine Verbindung zu einem anderen Menschen herzustellen?

NOTIZEN :

Mein Dad mit seiner geliebten Mutter Marguerite

Meine Großmutter

„Mütter sind die wichtigsten Menschen auf der Welt; sie schenken uns das Leben. Allein aus diesem Grund sollten wir schon dankbar sein."
– Bob Proctor

Solange ich mich erinnern kann, habe ich miterlebt, wie mein Dad sich um seine Mutter gekümmert hat, und am wichtigsten waren ihm dabei stets ihre Bedürfnisse und ihre Zufriedenheit. Er tat alles, was er konnte, damit sie ein schönes Leben hatte, und er verstand, wie wichtig es war, Zeit mit ihr zu verbringen, nicht nur für sie, sondern auch für ihn selbst.

Gemeinsam mit seinen Geschwistern Helen und Al unternahm er mit ihr Ausflüge und Reisen, die ihr viel Freude machten. Ich habe beobachtet, wie mein Dad sich um seine Mutter kümmerte und wie er mit ihr und auch über sie sprach, und auf eben diese Weise gehe ich mit meiner eigenen Mutter und meinen beiden Großmüttern um.

Als sie 55 Jahre alt war, beschloss meine Großmutter (alle ihre Enkel und Urenkel nannten sie Nan), von nun an den Winter in Florida zu verbringen. Sie kaufte sich ein hübsches Haus und verbrachte dort die Hälfte eines jeden Jahres, bis sie mit über neunzig Jahren verstarb.

Mein Dad war sehr froh, dass sie ihr Leben nach ihren eigenen Wünschen gestaltete. Einmal kaufte er ihr ein Auto, damit sie mobil war und er beruhigt sein konnte, dass sie etwas Sicheres zum Fahren hatte. Als ich jünger war, schickte er mich oft nach Florida, um sie auf der Heimfahrt nach Toronto zu begleiten. Wenn ich heute an Nan zurückdenke, gehören diese langen gemeinsamen Fahrten zu meinen liebsten Erinnerungen.

Nan war neugierig und immer gut drauf, wie mein Dad, und sie hatte einen natürlichen Blick für alles Staunenswerte. Wo sie auch hinkam, sie schloss überall schnell neue Freundschaften. Auf unseren Fahrten von Florida nach Toronto aß sie besonders gern bei der Fastfood-Kette Hooters. Auf unserer Strecke kannte sie jedes dieser Restaurants. Viele finden diese Geschichte über Nan amüsant: Sie liebte Chicken Wings, und zwar so sehr, dass sie mit ihren leidenschaftlichen und anschaulichen Details über den Geschmack und das Glücksgefühl, das sie beim Essen überkam, sogar einen Vegetarier dafür begeistern konnte.

Nan hatte im Februar Geburtstag und jedes Jahr sorgte mein Dad dafür, dass er groß gefeiert wurde. Da sie im Februar ja immer in Florida war, fand die Feier dort statt. Dad sorgte dafür, dass zur Party auch die zahlreichen Freunde kamen, die sie dort gefunden hatte, und er sagte ihr immer, dass sie alle einladen sollte. Er kümmerte sich um die Details, um Transport, Essen, Trinken, Unterhaltung – alles, was gebraucht wurde.

Einmal war Nans Gästeliste sogar so umfangreich, dass Papa die Location wechseln und einen Bus mieten musste. Damals waren Nan und ihre Gäste schon weit über achtzig Jahre alt. An diesem Geburtstag brachte der Bus die Gruppe nach Tampa zum Abendessen in ein schönes Restaurant. Am Ende war die Rechnung für die alkoholischen Getränke höher als die für das Essen. Wie Linda erzählt, ging es auf dem Weg zur Party im Bus hoch her, aber auf der Rückfahrt war es ganz ruhig, weil alle Gäste eingeschlafen waren. Noch heute schmunzeln wir über diesen Geburtstagsausflug.

Ich kann mich nicht entsinnen, Nan jemals ohne ein Lächeln auf den Lippen gesehen zu haben. Sie war eine bemerkenswerte Frau und wurde von ihrer Familie sehr geliebt.

Mein Vater ging nicht nur mit Nan auf diese Weise um; er sorgte dafür, dass sich alle Familienmitglieder wichtig fühlten. Das geschah oft durch etwas Einfaches wie ein freundliches Wort oder ein Gespräch unter vier Augen. Er achtete darauf, stets ansprechbar und großzügig zu sein, und häufig bedankte er sich bei uns allen dafür, dass wir ein Teil seines Lebens waren. Und da die Dankbarkeit auf einer höheren Schwingungsfrequenz angesiedelt ist als Wut oder Enttäuschung, sorgte seine Art zu leben für einen großen Frieden um ihn herum.

ÜBERLEG MAL ...

Halte deine Versprechen ein und sei großzügig – mit deiner Zeit, deiner Energie und deinem Geld.

Dad lehrte mich, dass Beziehungen nie perfekt sind. Aber wenn man danach strebt, die beste Version seiner selbst zu sein, wird man das Gute sehen und ernten.

Gehe einen Schritt weiter, um deine Beziehungen in Ordnung zu bringen und sie zu heilen, falls erforderlich.

Sieh in den Menschen, die dich umgeben, nur das Beste. Überprüfe zuallererst deine Einstellung. Löse dich von allen negativen Gedanken oder Glaubenssätzen, die auf Erfahrungen in der Vergangenheit beruhen.

Langfristig werden deine Anstrengungen dir selbst am meisten nutzen, denn die Art und Weise, wie du andere behandelst, spiegelt deine inneren Gefühle wider. Du wirst es niemals bereuen, ein Mensch zu sein, den andere respektieren und auf den sie zählen können. Und du wirst auch nie die Freiheit bereuen, in der du lebst, indem du andere nicht beurteilst.

NOTIZEN :

Wolken

„Das Großartige an unserem Geist ist,
dass er sich die Gedankenenergie erschließen und
jedes gewünschte Bild erschaffen kann."
– Bob Proctor

Als ich noch ein kleiner Junge war, lagen mein Dad und ich oft auf dem Rücken im Gras und blickten in den Sommerhimmel. Ich spüre noch heute das kühle Gras auf der Haut und die warme Sonne im Gesicht. Immer wenn der Himmel voller kleiner, langsam vorbeiziehender Schäfchenwolken war, meinte Dad zu mir: „Los, lass uns üben! Such dir eine kleine Wolke aus und dann lassen wir sie verschwinden." In meinem jungen Alter stellte ich keine Fragen und machte einfach mit.

Wenn wir uns eine kleine Wolke ausgesucht hatten, sollte ich meine gesamte Aufmerksamkeit auf diese Wolke richten. Und dann sollte ich eine warme Energie ausstrahlen und mir vorstellen, wie sich diese Wolke ins Nichts verflüchtigt. Anfangs hielt ich das für ein wenig komisch. Aber die Art meines Dads war ansteckend; man konnte nicht anders, als sich von seiner Leidenschaft mitreißen zu lassen.

Und im Handumdrehen ließen wir kleine Wolken verschwinden! Als es das erste Mal passierte, dachte ich, dass der Wind die Wolke weggetrieben hatte, aber als wir immer wieder andere Wolken auswählten und warme Energie und Fokus schickten, waren sie die einzigen Wolken, die verschwanden. Es lag wirklich an uns. Ich weiß noch, wie ich den anderen Kindern in der Schule davon erzählte, doch sie hielten mich für verrückt. Aber das war schon okay.

Im Nachhinein betrachtet war das ganze Erlebnis skurril und unterhaltsam. Später im Leben erkannte ich dann, was mich mein Vater hier gelehrt hatte. Auf unterhaltsame Weise ebnete er den Weg, um mir zu zeigen, wie ich meine Gedanken über einen längeren Zeitraum auf eine einzige Sache konzentrieren kann. So lernte ich schon in jungen Jahren, mich zu konzentrieren und meine Willenskraft zu stärken, was mir mein ganzes Leben lang gute Dienste geleistet hat.

ÜBERLEG MAL …

Wie steht es um deine Konzentrationsfähigkeit und deinen Fokus?

Kannst du an einem einzigen Gedanken festhalten und sämtliche Ablenkungen abwehren?

Wenn du dich gleichzeitig mit mehreren Gedanken beschäftigst, entsteht Verwirrung, aber wenn du deine gesamte Aufmerksamkeit auf einen einzigen Gedanken ausrichtest, entsteht eine Energie, die ihn stärker werden lässt. Du bist jetzt – und wirst auch morgen – das, woran du am meisten denkst.

Eine von meinem Dad erdachte Übung zur Stärkung der Konzentrationsfähigkeit ist die Kerzenübung. Hierbei stellst du eine brennende Kerze vor deine bevorzugte Sitzgelegenheit. Als Nächstes schaltest du das Licht und alle anderen Ablenkungen aus, also auch dein Handy, und fokussierst dich voll und ganz auf die Flamme. Nach ein paar Sekunden beginnen deine Gedanken zu wandern. Sobald du das mitbekommst, lenkst du deinen Geist und Fokus einfach wieder zurück auf die Flamme. Lass dich von den abschweifenden Gedanken nicht beunruhigen. Lenke deine Aufmerksamkeit einfach wieder auf die Kerzenflamme.

Konzentration ist eine notwendige Fähigkeit, um Erfolg zu haben. Mit dieser Übung stärkst du dein Können, dich auf eine Sache zu konzentrieren und alles andere auszublenden.

Der Energiefluss folgt deinem Fokus. Dies ist ein gutes Training, um durch fokussierte Intention den Prozess der Manifestation in Gang zu bringen.

NOTIZEN :

KAPITEL 8

EINSTELLUNG

Aufgabe, Leidenschaft und Beharrlichkeit?

„Die einzigen Grenzen im Leben setzen wir uns selbst."
– Bob Proctor

Mein Dad machte es mir leicht, mit ihm zusammen zu sein und mitzuerleben, wie er sein Geld verdiente.

Ich war immer stolz auf ihn, wenn ich ihm zusehen konnte, wie er mit einer kleinen Gruppe oder auch auf der Bühne vor Tausenden von Zuhörern sprach. Ich durfte beobachten, wie er sich auf sein Publikum einließ, ob groß oder klein, und wie hungrig es auf seine Botschaft war. Das machte mir klar, wie glücklich ich mich schätzen konnte, oft sein einziger Zuhörer zu sein. Mein Leben lang saß ich in der ersten Reihe und durfte zuschauen, wie Bob Proctor in dieser Welt etwas bewegte.

Als wir 2019 einmal in Los Angeles beim Frühstück zusammensaßen, fragte er mich nach diesem Buch. Er war neugierig, wie weit ich schon mit dem Schreiben war, und er ermutigte mich, ihm Fragen zu stellen, damit mir neue Ideen und Gedanken für die einzelnen Kapitel kommen. An jenem Tag wollte ich von ihm wissen, wie es war, als wir Chicago verließen. Also fragte ich ihn: „Warum sind wir 1974 von Chicago zurück nach Kanada gezogen? Und warum in die kleine Stadt Belleville?"

Seine Antwort überraschte mich und lehrte mich noch mehr über Bob Proctor, als Mensch und als Vater. Er erzählte, dass er es leid gewesen war, ständig unterwegs zu sein, und dass er sich ein einfacheres Leben für sich und seine Familie wünschte.

Das Merkwürdige daran ist, dass er seine Arbeit liebte – sie war seine Lebensaufgabe und seine Leidenschaft. Es war tatsächlich so, dass er unruhig wurde, wenn er nicht arbeiten konnte. In der kurzen Spanne, die wir in Belleville verbrachten, ging es ihm letztendlich gar nicht um ein einfacheres Leben, sondern vielmehr darum, nachzudenken und neue Prioritäten festzulegen.

Ich denke, er war einfach müde. Er arbeitete hart und in meiner Erinnerung war er immer beschäftigt. Der Mensch, den die Teilnehmer auf der Bühne erlebten, war auch der Mensch, mit dem ich aufwuchs.

Dad erzählte gern eine amüsante Geschichte über meinen jüngeren Bruder Raymond. Wenn Ray gefragt wurde, wie es ist, mit Bob Proctor aufzuwachsen, gab er zurück: „Jedes Abendessen wird zum Seminar." Und das stimmt. Dads Leidenschaft ließ zuhause nicht nach. Er wollte, dass wir das Wissen, das er lernte und lehrte, genauso gut verstehen und anwenden wie seine Teilnehmer.

Als wir nach Belleville zogen, merkte mein Dad schnell, dass das Leben in einer Kleinstadt ihm nicht zusagte und dass es definitiv nicht der richtige Ort war, um sein Geschäft aufzubauen. Er war nicht im Einklang mit seinem inneren Selbst. Und so zogen wir acht Monate später nach Toronto. Dort war ein größerer Markt mit mehr Möglichkeiten. Mein Vater musste wieder zu seiner Aufgabe zurückfinden. Der Umzug nach Toronto geschah mit viel Bedacht auf die Bedürfnisse aller Familienmitglieder.

Ich bewundere ihn dafür, wie er seinen Traum verfolgte, ohne die Bedürfnisse seiner Familie dafür zu opfern.

Die Beharrlichkeit, mit der er sein Geschäft aufbaute und seinen Ruf bis zu seinem Tod im Alter von 87 Jahren festigte, ist außergewöhnlich und spricht für seine Charakterstärke.

Ende der 1960er Jahre war die Idee der Persönlichkeitsentwicklung völlig neu und wurde kaum verstanden – ganz anders als heute. Er hatte lange Arbeitstage und meist kamen wir gerade so über die Runden. In diesen frühen Tagen musste er viel kämpfen und erfuhr viel Zurückweisung. Die Menschen waren noch nicht offen für die Idee des Persönlichkeitstrainings. Die große Masse dachte überhaupt nicht daran. Der Versuch, in jenen Tagen Materialien für das berufliche und persönliche Vorankommen zu verkaufen und zu lehren, war wie das Schwimmen gegen den Strom.

Aber mein Dad blieb der Idee treu, das Leben der Menschen zu bereichern. Er wusste, dass das Wissen, das sein Leben verändert hatten, auch anderen helfen konnte. Er wusste, dass es das Ticket für Lebenssinn und Erfüllung war.

Als ich noch klein war und mein Dad nach einem langen Arbeitstag nach Hause kam, sprach er mit mir darüber, dass Beharrlichkeit für jede Art von Erfolg eine wichtige Rolle spielt. Ich denke, dadurch rief er es sich selbst wieder ins Gedächtnis.

„Ausdauer ist eine einzigartige, eine unbedingt erforderliche mentale Stärke, um den heftigen Kräften wiederholter Zurückweisungen und anderer Hindernisse entgegenzutreten, die auf uns warten.“ Dad sprach dies mit großer Überzeugung aus, weil er genau das erlebte.

Am Anfang, bevor wir nach Chicago zogen, hatte mein Dad in Toronto als Verkäufer für Nightingale Conant gearbeitet. Das heißt, er schleppte einen schweren Koffer mit Schallplatten und Druckerzeugnissen von Tür zu Tür. Ich weiß noch, wie er uns eines Abends erklärte, dass er einen Weg finden würde, diese Produkte zu verkaufen – sonst müssten wir sie aufessen! Da wurde ihm schlagartig klar, dass er sich nicht auf die Produkte konzentrieren durfte, sondern die Idee verkaufen musste, wie diese Produkte das Leben der Menschen verändern können.

Trotz der anfänglichen Hindernisse trug der junge Bob Proctor stets die Vision in sich, wie sich sein Geschäft und sein Leben entwickeln sollten. Er blieb auf sein großes, beängstigendes und aufregendes Ziel fokussiert und war jeden Tag aktiv. Nachdem er begriffen hatte, dass er die Idee der Veränderung verkaufen musste, dauerte es nicht mehr lange, bis er der beste Vertriebspartner für Nightingale Conant geworden war.

Als ich ihn an jenem Tag beim Frühstück nach der Zeit in Chicago fragte, antwortete er, dass es nicht immer einfach war, aber auch nicht schwer – denn er liebte es. Und dass jede Zurückweisung und jeder schlechte Tag sich gelohnt haben – ja, sie waren sogar notwendig.

Er gab zu bedenken, dass er in wenigen Momenten die Früchte seiner Arbeit vor sich sehen wird, wenn wir den Seminarraum betreten. Diese Vision und sein Ziel hatte er zuerst in seiner Vorstellung gesehen und nun sah er ihre physische Manifestation.

Seine Überzeugung, dass jeder dieses Wissen braucht, hat sich niemals verändert. Meinem Vater ging es bei seiner Arbeit immer um Eines: den Menschen begreiflich zu machen, dass sie großartig sind und in ihrem Leben echte und sinnvolle Veränderungen hervorrufen können.

ÜBERLEG MAL ...

Denke bitte an eine Herausforderung in deinem Leben aus der Gegenwart oder Vergangenheit.

Häufig erkennen wir erst, was alles in uns steckt, wenn wir vor einer Herausforderung stehen. Dann begreifen wir, dass wir zu sehr viel mehr fähig sind, als wir uns je vorstellen konnten.

Ich habe hier eine Übung für dich. Schreibe dir eine Herausforderung auf, mit der du in deinem Leben zu tun hattest oder gerade zu tun hast. Notiere auch deine Gedanken und Gefühle. Wie hast du dich gefühlt und wie fühlst du dich jetzt?

Dann erstellst du eine Liste von 1 bis 5 und hältst fünf Dinge fest, die du durch diese Herausforderung gelernt hast. Füge nun die Zahlen 6 bis 10 hinzu und notiere fünf Dinge, die du aufgrund deiner Lernerfahrung anders machen wirst.

Lasse das Blatt auf deinem Tisch liegen und sieh es dir eine Woche lang jeden Tag an. Kannst du noch etwas zu deiner Liste hinzufügen? Erkennst du, dass die Herausforderung eigentlich eine gut getarnte Gelegenheit war?

Was ich weiß

Ich habe meinen Vater über die Jahre beobachtet, habe seine Kämpfe gesehen, seine Entschlossenheit und seine Ausdauer trotz aller Niederlagen, und ich habe auch seine Siege miterlebt. Das alles hat mich davon überzeugt, dass wir unser größtes Verlangen verwirklichen können, wenn wir trotz aller äußeren Umstände und Misserfolge an unserer Vision festhalten.

Du bist zu mehr fähig, als du vielleicht denkst. Nutze alle Herausforderungen und Veränderungen, die du erlebst, als Werkzeuge und lerne, jede Erfahrung im Leben als eine Chance zum Lernen und Wachsen zu begreifen.

NOTIZEN :

KNOW
F
COND.

Alles über die Kreidetafel

„Mache es dir zur Gewohnheit, immer dein Bestes zu geben."
– Bob Proctor

Schon lange bevor es Computer und PowerPoint gab, nutzte mein Dad Elemente aus dem Schulunterricht, um seine Aussagen visuell zu unterstreichen. Wenn du schon mal ein YouTube-Video seines Programms *„You Were Born Rich"* gesehen hast, dann weißt du, welches Tool mein Vater benutzte, um seine Aussagen visuell zu verstärken: eine Kreidetafel.

An dieser Kreidetafel war ein wahrer Künstler. Ein von ihm gemalter Kreis, der den Geist darstellen sollte, musste makellos sein. Wenn er mit der Seitenfläche der Kreide einen Kreis auf die Tafel malte, konnte man die Entstehung eines Kunstwerks mitverfolgen. Das, was er lehrte, war bereits von unschätzbarem Wert – und dabei auch noch mitzuerleben, wie er dieses Hilfsmittel einsetzte, bot beste Unterhaltung und war in meinen Augen genial. Ich hatte ihm jahrelang dabei zugesehen, wie er diesen Kreis immer und immer wieder übte, bis er das Gefühl bekam, dass er ihn in einem Schwung malen konnte und dass alles genau zu seinem Thema und Timing passte.

Wenn Dad sein Wissen weitergab, achtete er sehr darauf, seine Botschaft so einfach wie möglich zu vermitteln, damit jeder sie verstehen und anwenden konnte. Das gehörte zu seiner Effizienz und seinem Beeinflussungsvermögen; das machte ihn so brillant. Diese Kreidetafel als sein Partner unterstützte ihn dabei, seine Botschaft zu vermitteln. Er erklärte seinem Publikum, dass der Geist jedes Teilnehmers einer sauberen Tafel glich, vergleichbar mit einer Kreidetafel – und wenn seine Zeichnung nicht gut war, dann konnten sie sich kein gutes Bild machen.

Anfangs nutzte er bei seinen Seminaren immer irgendeine Kreidetafel, die gerade vor Ort verfügbar war. Doch leider waren diese meist klein und billig, und sie waren nicht leicht sauber zu bekommen, da die Oberfläche meist abgenutzt und in schlechtem Zustand war.

Ich erinnere mich, dass mein Dad von der Qualität dieser Tafeln frustriert war, und so beschloss er, sich eine eigene zu besorgen. Und schon ließ er sich eine hochwertige Kreidetafel genau nach seinen Vorgaben anfertigen, ohne sich zu überlegen, wie wir dieses Ding von einem Seminarort zum nächsten transportieren sollten. Das Endergebnis war gewaltig: 1,80 m breit und 1,20 m hoch, richtig schwer und sperrig! Er ließ auch einen speziellen (und schweren) Ständer anfertigen, um die Tafel daraufzustellen. Dann ließ er einen riesigen, merkwürdig aussehenden Metallbehälter zusammenschweißen und auf einen Dachträger montieren, damit er die Tafel auf seinem Autodach mitnehmen konnte.

Bald schon ging es so weit, dass er nirgendwo ohne seine Tafel auf die Bühne gehen wollte. Dabei spielte es keine Rolle, wie weit entfernt der nächste Seminarort lag. Er war immer mit dieser verrückten Vorrichtung auf dem Auto unterwegs.

Dieses Ding war schon schwierig zu tragen und wenn es draußen windig war, konnte es einen auf dem Parkplatz umherwehen. Wenn man dann noch den Schnee in Toronto und die klirrende Kälte hinzufügt, hat man alles für einen Comedy-Sketch. Man riskierte Erfrierungen, wenn man nicht aufpasste und den Metallrahmen um die Tafel ohne Handschuhe anfasste. Wir zogen viele amüsierte Blicke auf uns, wenn wir dieses Ding durch die Gegend schleppten, und hatten viel zu lachen.

Noch etwas, worauf er auf keinen Fall verzichten konnte, war staubfreie Kreide und eine ganz bestimmte Sorte von Tüchern. Die Tücher bestellte er bei einem Kosmetikfachhandel, und Gina hatte immer einen großen

Karton mit dieser Kreide im Auto. Bei einem dreistündigen Event wischte er seine Kreidetafel mindestens acht bis zehn Mal mit diesen speziellen Tüchern ab. Aber wie gesagt, die Zeichnungen auf der Tafel stellten den Geist der Teilnehmer dar, und deshalb musste die Tafel makellos sein, damit er ein perfektes Bild zeichnen konnte. Und genau hier kamen die Tücher ins Spiel. Sie mussten genau die richtige Feuchtigkeit haben, nicht zu nass und nicht zu trocken, damit er mit ihnen die Tafel effizient reinigen konnte. Die Tafel musste auch rasch trocknen, damit er sie sofort nach dem Abwischen wieder benutzbar war. Und nur Bob Proctor kannte das perfekte Verhältnis von Wasser und Baumwolle, damit dies alles gelang. Oft sah ich ihn hinten auf der Bühne Tücher auswringen, die Gina und ich für ihn vorbereitet hatten.

In jener Zeit führten wir oft Schnupperseminare in einem bestimmten Hotel im Nordwesten von Toronto durch. Diese kostenlosen Veranstaltungen waren offen für jedermann. Dads Seminar dauerte ungefähr drei Stunden und anschließend warb er für ein Programm, das in den folgenden zwei Monaten einmal pro Woche stattfinden sollte. Oh, mit dem Internet hat sich so viel verändert ...

Wenn wir den Seminarraum vorbereiteten, positionierten Gina und ich die Tafel exakt so, wie er es haben wollte – zumindest dachten wir das. Wir spielten mit der Position und dem Winkel, bis wir meinten, dass es genau richtig war. Dann stellten wir uns hinten in den Raum und mussten lächeln, wenn er kurz vor Seminarbeginn hereinkam. Wir sahen zu, wie er die Bühne erklomm, seine Bücher ausrichtete und sich umblickte. Und jedes Mal verrückte er die Tafel um einen oder zwei Zentimeter. Schließlich verstanden wir, dass er diese letzte Korrektur einfach vornehmen musste. Er musste der letzte sein, der sie berührt – diese Kreidetafel war sein Freund und Partner; sie war sein Vehikel, um seine Botschaft zu vermitteln.

Jahre später, als die Tafel längst verschwunden war, erzählten Gina und ich meinem Dad, wie wir diesen Tafelzirkus und seine Eigenheiten erlebt hatten. Darüber musste er herzlich lachen. Beim Niederschreiben dieser Geschichte rief ich Gina an und wir hatten viel Spaß dabei, zusammen auf diese Zeit zurückzublicken. Sie machte mich darauf aufmerksam, dass wir miterlebt hatten, wie etwas Großes entstand. Für Bob Proctor war alles wichtig. Einfach alles.

Es macht mir Freude, an diese amüsante Geschichte zurückzudenken, und sie enthält auch eine kraftvolle Lektion. Wenn es darum ging, seine Inhalte zu vermitteln, war mein Dad ein Perfektionist. Er nahm sein Handwerk sehr ernst. Wenn es ihm also darum ging, Wissen weiterzugeben, von dem er wusste, dass es das Leben eines Menschen wirklich positiv beeinflussen konnte, musste alles gut vorbereitet sein und wie eine lang eingeübte Sinfonie zusammenwirken. Die Teilnehmer dachten vielleicht, sie würden einen Motivationsredner hören, wenn sie zu einem Bob-Proctor-Seminar kamen, aber schon nach der ersten halben Stunde erkannten sie, dass sie es mit einem der kraftvollsten Lebenslehrer im Hinblick auf unser Denken und unsere Paradigmen zu tun hatten. Jeden Aspekt seiner Präsentation hatte er eingeübt (statt bloß geprobt) und perfektioniert. Und was die Teilnehmer in seinen Bann zog und jede seiner Präsentationen zu einem einzigartigen Erlebnis machte, war dies: Er ließ sich in seiner Darbietungsweise von der Energie des Publikums und seiner Intuition lenken – nichts war einfach nur auswendig gelernt. Ganz gleich, ob er einen guten oder schlechten Tag hatte, er gab an jedem Tag alles, was er geben konnte. Und bis kurz vor seinem Tod setzte er sich, kurz bevor er die Bühne betrat, auf einen bequemen Stuhl, entspannte sich, brachte seinen Geist zur Ruhe und bat um Führung, um seine Zuhörer mit den richtigen Worten anzusprechen. Mein Vater war ein absoluter Vollprofi.

Noch heute berührt mich, dass er selbst in den kleinsten Details sein Bestes gab. Aber, wie er so häufig sagte, die kleinen Dinge machen die großen Dinge erst großartig!

ÜBERLEG MAL …

Welche kleine Veränderung kannst du heute vornehmen, um effizienter zu werden?

Es erfordert Arbeit, deine Zielstrebigkeit beizubehalten und die unvermeidlichen Hindernisse zu überwinden. Lenke deinen Fokus auf das, was du hier und jetzt, in diesem Moment, tun kannst, wenn du auf ein Hindernis triffst. Jedes Handeln zählt, das dich in die richtige Richtung führt, auch wenn es dir noch so unbedeutend erscheinen mag.

In herausfordernden Momenten solltest du ganz besonders auf alles achten, wofür du dankbar bist. Sobald du das Gute wahrnimmst, kommst du in eine höhere Schwingung.

Wir alle haben Bob Proctor sagen gehört: „Du bist wahrscheinlich nur einen Schritt von deiner Großartigkeit entfernt.“

NOTIZEN :

Die rosarote Brille

„Niemand ist für dein Glück zuständig außer dir selbst."
– Bob Proctor

Ich neige dazu, das Leben und die Welt durch eine rosarote Brille zu betrachten – und wegen dieser Sicht auf das Leben wirft man mir oft vor, kein Realist zu sein. Meinen Kritikern sage ich, dass ich aufgrund dieser bewussten Entscheidung ein viel glücklicheres, gesünderes und produktiveres Leben führe.

Es gibt immer mindestens zwei Sichtweisen auf alles. Wenn du versuchst, in allem etwas Wertvolles zu finden, wirst du meiner Erfahrung nach aufgrund dieser Entscheidung Gutes in dein Leben ziehen.

Andererseits hatte ich schon mit Menschen zu tun, die in jeder Situation nur das Negative sehen oder ständig Ausschau nach allem halten, was nicht in Ordnung ist, und die stets gern davon erzählen. Diese Leute sind nie zufrieden und ziehen meist genau das an, worauf sie ihren Fokus richten – das Negative. Aber wenn man sich in dieser Schwingung befindet, kann man nur das Negative sehen, und so zieht man es natürlich auch an.

Mein Dad sagte in einem Meeting mal: „Jeder Dummkopf kann mir sagen, was hier nicht stimmt. Ich möchte, dass jemand mitdenkt und mir sagt, was in Ordnung ist." Ich musste schmunzeln, aber da ist wirklich etwas dran.

Dad empfahl oft eine kraftvolle Übung, die darin besteht, etwas einhundertmal am Tag aufzuschreiben. Dabei kann es um Dankbarkeit gehen oder um ein angestrebtes Ziel, das du manifestieren willst – einfach um alles, worauf du deinen Geist trainieren willst.

Er erklärte, dass dies genauso funktioniert, wie wenn man seine Muskeln durch Training stärkt. Wenn du nur einmal ins Fitnessstudio gehst, kannst du nicht erwarten, dass du danach schon topfit bist; dafür braucht man Disziplin und Wiederholungen. Aber so wie deinen Körper kannst du auch deinen Geist trainieren. Und wenn du deinen Geist darauf trainierst, das Gute zu suchen und zu finden und du deinen Willen nutzt, um auf diese Weise zu leben, wird sich Leichtigkeit in deinem Leben einstellen. Du wirst sehen, dass du besser mit den Dingen umgehen kannst, die dir vorher vielleicht unter die Haut gegangen sind. Wenn du in jeder Situation nach dem Guten Ausschau hältst, hast du deine Emotionen besser im Griff und kannst so anders damit umgehen. Es geht nicht darum, etwas zu verdrängen; es geht darum, dich mit einer neuen Einstellung und Haltung zu verändern.

Ich weiß, dass ich mehr Gutes in mein Leben ziehe, weil ich mich für diese Art zu leben entschieden habe, und du kannst das auch. Die Menschen fühlen sich von positiver Energie angezogen; sie wollen mit Menschen mit positiver Energie zu tun haben und in ihrer Nähe sein, denn das gibt ihnen ein gutes Gefühl. Es macht dich physisch und mental attraktiver, und aufgrund dieser Einstellung kommen Gelegenheiten auf dich zu.

Seit meiner Kindheit habe ich meinen Vater dabei beobachtet, wie er auf Situationen mit Bedacht und nur selten unüberlegt reagiert. Ganz gleich, ob die Situation gut oder schlecht war, er blickte stets auf das Gute. So wollte er leben, und nach seinem Vorbild lebe ich genauso.

Als wir uns einmal über ein Thema unterhielten, das gerade die Nachrichten beherrschte, meinte mein Vater als Erstes, dass es zu etwas Gutem führen muss. Und dann sprach er über die universellen Gesetzmäßigkeiten und besonders über das Gesetz der Polarität.

Nach dem Gesetz der Polarität hat alles zwei Seiten. Dinge, die auf den ersten Blick gegensätzlich erscheinen, sind in Wirklichkeit zwei untrennbare Teile von ein und derselben Sache. Denke zum Beispiel mal an warm und kalt. Obwohl das Gegensätze sind, befinden sie sich auf derselben Ebene, und das eine existiert nicht ohne das Potenzial für das andere. Du kannst alles, was du anziehen willst, auf dieselbe Weise betrachten. Fülle zum Beispiel lässt sich nicht von Armut trennen, Liebe nicht von Elend und Erfolg nicht von Scheitern. In allem steckt das Potential für sein Gegenteil.

Dieses Prinzip kannst du am besten für dich nutzen, indem du alles Negative, das du gerade erfährst, aufschreibst – und dann das genaue Gegenteil davon. Sobald du das Gegenteil kennst, wird es dir ebenso leichtfallen, deine Energie auf dein gewünschtes Ergebnis zu lenken wie auf das Negative. Um dich auf die wünschenswerten Gedanken zu konzentrieren, brauchst du Disziplin. Wenn deine Gedanken ins Negative abschweifen, musst du sie sanft zurücklenken. Auf diese Weise gelingen dir Veränderungen. Das bedeutet es, deinen Geist zu trainieren.

Damit will ich nicht behaupten, dass keine unerwünschten Dinge mehr geschehen, nur weil du das Leben durch eine rosarote Brille betrachtest. Aber das Schlechte, was immer es auch ist, wird nicht so lange andauern, und du findest einen besseren Weg, um es zu überwinden. Es läuft auf die uralte Redewendung hinaus, ein Glas als halb voll oder halb leer zu sehen.

Vielleicht hast du mal gehört, wie mein Vater seinen Freund Reverend Michael Beckwith erwähnte, der die Agape Church in Kalifornien leitet. Bei einem ihrer Gespräche sagte Michael, dass wir wie folgt vorgehen sollten, wenn uns etwas passiert, das wir als schlimm empfinden:

1. Es ist, wie es ist; akzeptiere es (entweder du hast die Kontrolle darüber oder es hat die Kontrolle über dich).

2. Ernte das Gute (es gibt an allem etwas Gutes – Suchet, so werdet Ihr finden)

3. Lass den Rest gehen (Gehen zu lassen heißt, diesen Rest vollständig loszulassen und sich von ihm zu lösen)

Michaels Formulierung gefiel meinem Dad richtig gut. Sie gefiel ihm tatsächlich so gut, dass er Gina bat, eine kleine Holztafel mit diesen Worten anfertigen zu lassen, die wir dann auf unseren Seminaren verteilten.

Wenn du in deinem Leben etwas Besseres willst, dann geh' raus in die Welt und setze deine rosarote Brille auf. Und zwar ab heute. Sage zu dir selbst: „Heute ist der Tag, an dem ich in jeder Situation das Gute suchen, finden und in den Mittelpunkt stellen werde."

ÜBERLEG MAL ...

Wie steht es um deine Einstellung? Wie gehst du durch deine Tage? Neigst du dazu, nur das Negative zu sehen, oder hältst du Ausschau nach dem Positiven?

Wenn du beschließt, das Leben mehr von der positiven Seite her zu betrachten, hast du diese Lektion verstanden und weißt, dass es sich so ausgezeichnet leben lässt. Solltest du allerdings jemand sein, der überall nur sieht, was falsch läuft, dann rate ich dir, erst mal nur mit einem Tag zu beginnen und immer kurz innezuhalten, bevor du die Situationen in deinem Tagesverlauf bewertest. Befestige eine schriftliche Erinnerung an einer Stelle, an der du sie den ganzen Tag lang sehen kannst – ein Wort, das deine Aufmerksamkeit auf sich zieht. Achte darauf, wie es sich anfühlt, überall das Gute zu finden, wie dein Umfeld darauf reagiert und vor allen Dingen, wie sich deine Welt durch deine neue Sichtweise allmählich verwandelt.

Wie würde dein Leben aussehen, wenn du deinen Geist darauf trainierst, sich nur auf dein gewünschtes Ergebnis zu fokussieren?

Dein Geist ist der Meisterarchitekt deines Universums. Sicher hast du schon mal den Spruch gehört „Sei vorsichtig mit deinen Wünschen!“ Darin liegt Wahrheit – es ist leicht, sich auf das Unerwünschte zu fokussieren und Energie auf die Ergebnisse zu lenken, vor denen wir uns fürchten. Denke einmal an Zeiten zurück, wo du genau das getan hast – besessen von der Idee, dass etwas Schlimmes geschehen könnte. Und ist es geschehen? Ich vermute nein.

Unsere schlimmsten Vorstellungen treten selten ein, und doch vergeuden wir unsere wertvolle Zeit und Energie damit, uns darüber zu sorgen.

Denke lieber darüber nach, wie du deine Zukunft bewusst gestalten kannst – in der du der Architekt bist. Schwinge dich auf dein Verlangen ein, lege deine Absicht fest und übernimm vor allen Dingen die Kontrolle.

Du bist absolut in der Lage, dein Leben zu gestalten. Fange noch heute damit an.

NOTIZEN :

Die Antwort liegt vielleicht direkt vor dir

„Sei offen, das Gute zu empfangen, das du dir wünschst."
– Bob Proctor

Vor vielen Jahren lebte ich einer kleinen Strandgemeinde nordwestlich von Vancouver, British Columbia, an einem Meeresarm mit dem Namen Howe Sound. Für mich war das ein magischer Ort. Es war das erste Mal für mich, dass ich an der Westküste wohnte.

Die Lebensweise dort war neu für mich und tief im Einklang mit meiner Seele. Als Kind habe ich Fernsehberichte über die Natur geliebt. Ich war schon immer ein leidenschaftlicher Angler mit einer tiefen Liebe und Beziehung zum Wasser. Soweit ich zurückdenken kann, habe ich schon immer von dieser Lebensweise geträumt. Diese Gelegenheit nutzte ich nun.

Ich fand ein schönes Haus, das ich für ein Jahr mieten konnte, um ein Gefühl für die Gegend zu bekommen. Der Hausbesitzer verriet mir, dass man direkt vor dem Grundstück Garnelen fangen konnte. Er gab mir eine Falle, eine hundert Meter lange Leine, eine Boje und ein Kanu, damit ich sofort lospaddeln und die Falle auslegen konnte.

Mein erstes Ziel bestand darin, alles über den Garnelenfang zu lernen – wie man die Falle mit Ködern bestückt, welche Tiefe die richtige ist und so weiter. Doch leider blieben meine ersten Versuche erfolglos. Ich legte die Falle immer zu tief aus und ich hatte Probleme damit, sie wieder hochzuziehen und gleichzeitig im Kanu das Gleichgewicht zu halten. Manchmal fing ich zwei oder drei Garnelen; oft blieb die Falle auch leer.

Ein Nachbar in der Nähe sah mir häufig zu und erklärte mir bei jeder Gelegenheit, dass ich damit meine Zeit vertat. Er beharrte darauf, dass es hier im Meeresarm keine Garnelen mehr gab.

Ich ließ nicht locker. Dafür war hauptsächlich mein Vater verantwortlich, denn er hatte mir beigebracht, meinem Verlangen zu folgen und mich auf mein Ziel zu konzentrieren. Da ich wusste, dass er mir raten würde, beharrlich zu bleiben, hielt ich durch.

Nach ungefähr einer Woche fand ich Stellen, wo ich mehr fangen konnte. Manchmal befanden sich in der Falle zwanzig oder dreißig Garnelen. Das war für mich ein Sieg. Und so markierte ich diese Stellen und entwarf eine Strategie.

Und schon nach kurzer Zeit waren die Fallen voller Garnelen. Diesen Überfluss konnte ich mit anderen teilen und mit den Lachsfischern gegen ihren frischen Fang tauschen. Diesen Lebensstil fand ich sehr befriedigend und es machte mich stolz, dass ich es selbst zustande gebracht hatte, obwohl andere um mich herum es zuvor für unmöglich hielten.

Eine besondere Erinnerung aus dieser Zeit ist die Begleitung durch Robben, die aus dem Nichts aufzutauchen schienen und dicht bei mir blieben, wenn ich früh am Morgen hinauspaddelte, um die Fallen zu überprüfen. Die neugierigen Meeressäuger wollten oft genau mitbekommen, was ich da trieb. Darunter war immer auch eine Robbe, die durch ihre besonders helle Haut und ein Fleckenmuster im Gesicht leicht zu erkennen war. Sie hatte tiefe, dunkle, neugierige Augen und suchte gern meinen Blick. Sie war in der Menge immer leicht auszumachen. Ich nannte sie „Pup".

Die kleine Robbe folgte mir. Sie sah genau zu, wie ich die Fallen hochholte und wieder in die Tiefe ließ. Es war wirklich eine vergnügliche Zeit mit ihr auf dem Wasser. Ich sprach sanft zu Pup und fühlte eine freundschaftliche

Verbundenheit. Es war gerade eine verwirrende Zeit in meinem Leben und diese Verbundenheit brachte mir Frieden.

An einem besonders trüben Wintertag nach einem Sturm fuhr ich in einer Wetterpause hinaus, um nach den Fallen zu sehen. Wegen des Sturms war ich einige Tage nicht auf dem Wasser gewesen. Die See war rau und machte das Kanufahren schwierig. Ich musste schwer darauf achten, nicht umzukippen.

Als ich an der ersten Falle war und sie hochziehen wollte, frischte der Wind auf. Er drückte das Kanu zur Seite, während ich noch am Hochziehen war. Nachdem ich die Falle gelehrt und mit frischen Ködern versehen hatte, paddelte ich zurück an die Stelle, wo ich sie hinunterlassen wollte. Ich musste mich beeilen, da der Wind immer stärker und der Seegang immer heftiger wurde, und dann zog auch noch ein leichter Nebel heran.

Die Bedingungen machten es schwierig, die Entfernung zum Ufer abzuschätzen. Ich ließ die Falle ins Wasser und spulte die Leine ab. Aber sie stoppte nicht wie sonst üblich, sondern lief weiter. Sie lief so schnell, dass ich sie unmöglich abbremsen und festhalten konnte, ohne umzukippen. Die ganzen 100 Meter Leine verschwanden mitsamt der Boje unter der Wasseroberfläche. Unter diesen Umständen konnte ich nichts weiter tun. Zu meiner eigenen Sicherheit musste ich zurück ans Ufer.

Der Sturm hielt noch einige Tage an und ich konnte nur am Fenster sitzen und hinausblicken. Ich war mir sicher, dass die Falle verlorengegangen war.

Nach ungefähr einer Woche klarte der Himmel auf. Ich versah eine lange Stange mit einem Haken am Ende wollte damit hinausfahren, um hoffentlich die unter der Oberfläche treibende Boje im Sonnenlicht zu sehen, sie einzuholen und alles wieder nach oben zu bringen.

Über eine Stunde paddelte ich umher, ohne die Boje zu erblicken. Irgendwie hatte ich die Orientierung verloren. An der Stelle, wo ich meinte, sie ins Wasser gelassen zu haben, war nichts von ihr zu sehen. Pup begleitete mich die ganze Zeit, als einzige Robbe an diesem Tag. Zwei Stunden lang suchte ich umher und gab dann auf.

Als ich zum Ufer zurückpaddelte, verschwand Pup im tieferen Wasser. Als ich fast am Ufer war, hörte ich die Robbe rufen, was an sich nicht ungewöhnlich war. Das Ungewöhnliche war aber ihr Verhalten: Sie schwamm in schnellen Kreisen.

Und als ich gerade das Kanu an Land ziehen wollte, rief die ihm Kreis schwimmende Pup immer lauter und machte Platschgeräusche. Ich dachte mir noch: „Das kann doch nicht sein!“ Aber ich hörte auf die Robbe und meine Intuition und dachte mir: „Ich muss offen bleiben für Antworten, die direkt vor mir liegen.“

Ich sprang zurück ins Kanu und fuhr an die Stelle, wo Pup im Kreis schwamm. Die Stelle war viel weiter draußen, als ich jemals mit meinen Fallen gewesen war. Aber der Sturm hatte meinen Orientierungssinn getäuscht. Als ich mich der Robbe näherte, konnte ich im klaren Wasser die Boje erkennen! Pup umkreiste sie mit deutlichen Bewegungen; sie hing fast zwei Meter unter der Wasseroberfläche.

Ich zog die Falle mit der Stange nach oben und holte alles ins Kanu, und ich sprach Pup in Worten und Gedanken meinen Dank aus. Diesen Moment in der Natur werde ich nie vergessen. Mein ein paar Häuser weiter wohnender Nachbar war gerade auf seiner Terrasse und konnte alles mitverfolgen. Später meinte er zu mir, dass er so etwas noch nie im Leben gesehen hatte. Von diesem Tag an nannten mich die Leute in der Gegend nur noch den Robbenflüsterer. Das gefiel mir irgendwie.

Oft denke ich voller Dankbarkeit an diese Erfahrung und Lektion zurück. Ich bin dankbar, dass ich beharrlich und für das Unerwartete offengeblieben war.

In jenem Jahr hielt mein Vater mehrere Seminare in British Columbia ab. Bei dieser Gelegenheit kamen er und Gina mich besuchen, um zu sehen, wo ich wohnte. Ich kann mich gut erinnern, wie beide in der Sonne auf der Terrasse saßen, während ich für uns drei ein schönes Abendessen zubereitete. Ich war überglücklich, sie bei mir zu haben.

Auch wenn ich wusste, dass mein Vater nie diese Art zu leben gewählt hätte, so war ich doch froh, dass er zu mir hielt. Seine Fragen verrieten mir nicht nur seine Neugier, sondern auch, dass er wirklich nicht begriff, warum jemand so weit außerhalb der Stadt leben wollte. Dad sagte oft, dass er auch in einem Hotel leben könnte. Er liebte Hotels den Service, die Annehmlichkeiten und den Komfort. Meine Art zu leben war sicherlich nicht sonderlich komfortabel. Aber er unterstützte mich und freute sich für mich, obwohl er es nicht verstand.

ÜBERLEG MAL …

Was bedeutet es für dich, für Möglichkeiten offen zu sein?

Im Prinzip ist es die Bereitschaft, einen offenen Geist zu haben und sich auch andere Ideen, Meinungen und Gedanken anzuhören. Ziehe andere Möglichkeiten in Betracht.

*Bist du offen für eine Antwort,
die vielleicht direkt vor dir liegt?*

Wenn du für Möglichkeiten offenbleibst, erkennst du die Chancen. Du erhältst neue Einsichten und lernst viel über dich dazu.

Es erweitert deinen Geist und nährt deine Seele, wenn du neue Ideen und Gelegenheiten bejahst.

NOTIZEN :

Dad erhält 2016 bei der Unstoppable Foundation Gala in Los Angeles von Cynthia Kersey den Legacy Award

Tu so, als ob

„Es geht dich überhaupt nichts an, was andere von dir denken."
– Bob Proctor

Freiheit stellt sich dann ein, wenn wir nicht länger so sind, wie andere meinen, dass wir sein sollen, und uns nur noch so verhalten wie der Mensch, der wir sein wollen.

Hast du schon mal den Spruch gehört, dass man anfängt, an eine Lüge zu glauben, wenn man sie nur oft genug wiederholt? Die Grundüberlegung hierbei ist, dass dein Unterbewusstsein alles akzeptiert, was du ihm eingibst, im Gegensatz zu deinem bewussten Verstand, der Gedanken und Ideen ablehnen kann. Dein Unterbewusstsein (also dein emotionales Bewusstsein) akzeptiert nur die Bilder, die du ihm mit Emotion wiederholt eingibst.

So lange ich zurückdenken kann, sagte mein Dad immer zu mir: „Brian, verhalte dich so wie der Mensch, zu dem du werden willst." Er sagte das, weil er wusste, dass mein Unterbewusstsein nicht zwischen Fakt und Fiktion unterscheiden kann. Wenn ich lerne, von innen heraus zu schöpferisch zu wirken, und wenn ich mich so wie die Person verhalte, zu der ich werden will, dann werde ich schließlich auch zu dieser Person. Und das gilt für jeden von uns.

Alfred Adler, der österreichische Arzt, Psychotherapeut und Begründer der Individualpsychologie, prägte als Erster diesen Satz: „Tu so, als ob." In den 1920er Jahren entwickelte er eine Strategie für seine Klienten, Rollen einzuüben, die sich von ihren dysfunktionalen Verhaltensweisen oder Realitäten unterschieden. Häufig nennt man das auch Rollenspiele.

Mein Dad hat mir oft gezeigt, wie ich mit Verhaltenstools meine Realität verbessern kann. Häufig höre ich, wie sich manche über den Spruch „Vom Schein zum Sein" lustig machen – der sich ja auf die Idee „Tu so, als ob" bezieht. Und ich verstehe den Zynismus, denn im wortwörtlichen Sinn kann der Spruch den Eindruck erwecken, dass man ein totaler Hochstapler sein soll, der versucht, durch Lüge und Schwindel zum Erfolg zu gelangen.

Diese Behauptungen gehen aber am Zweck dieser Übung vorbei. Beim Ansatz, „so tun, als ob" geht es darum, dein Verhalten so zu ändern, dass es der Person entspricht, zu der du werden willst. Ändere als Erstes dein Verhalten – deine Gefühle und deine Einstellung zu dir selbst werden sich dann ebenfalls wandeln.

Ein gutes Beispiel hierfür ist mein Vater mit seiner Garderobe. So weit ich mich zurückerinnern kann, hatte mein Dad stets eine Vorliebe für gut geschnittene Anzüge.

Anfang der 1960er Jahre, als er sein Reinigungsunternehmen startete, kratzte er seine letzten paar Dollar zusammen und kaufte sich einen Anzug aus Wolle. Für seine ersten Jahre im Geschäftsleben blieb dies sein einziger Anzug. Er war von keiner guten Qualität und du kannst dir sicher vorstellen, wie kratzig er sich auf der Haut anfühlte. Meinem Dad gefiel, wie der Anzug aussah, aber er wurde es leid, wie er sich anfühlte, und vor allem hatte er genug davon, jeden Tag gleich auszusehen.

Nun, eines Tages hörte er im Radio ein Interview mit einer berühmten Persönlichkeit. Es stellte sich heraus, dass dieser Mann über zwanzig maßgeschneiderte Anzüge besaß! Das rüttelte meinen Vater auf und er dachte sich: „Wäre das nicht wundervoll?" Bis dahin hatte er noch nie davon gehört, dass irgendjemand mehr als einen oder vielleicht zwei Anzüge besaß.

Irgendetwas in diesem Gespräch verschob die Perspektive meines Dads.

Er beschloss im selben Moment, dass er sich einen maßgeschneiderten Anzug machen lassen wollte, wenn er ein bestimmtes monatliches Umsatzziel erreichte. Er hielt dieses Selbstversprechen ein und schon bald besaß er einen ganzen Schrank voller Anzüge.

Anfangs musste er sich noch wie die Person verhalten, die sich all diese Anzüge leisten kann und die sie verdient hat. Aber schon nach kürzester Zeit wurde er zu dieser Person. Nur höchst selten trug er andere Kleidung.

Diese handgefertigten Anzüge steigerten nicht nur sein Selbstwertgefühl, sondern sie veränderten auch seine Art, sich zu bewegen. Ich weiß noch, wie er mir sagte, dass er sich in seinen neuen Anzügen zielstrebiger bewegte. Er wusste auch, dass die Menschen in seinem Umfeld ihn anders wahrnahmen, und das gefiel ihm.

Sich so zu kleiden war ein wichtiger Bestandteil des Selbstverständnisses meines Vaters, und weil er wusste, wie positiv sich diese Kleidung auf sein Selbstimage auswirkte, sollten andere ebenfalls diese Erfahrung machen können. Und so begann er, maßgeschneiderte Kleidung zu verschenken und verdiente Mitarbeiter damit zu belohnen. Diese Tradition behielt er bis zum Ende bei.

Dies führte dazu, dass wir zu einer sehr gut gekleideten Firma und Familie wurden.

Ich wuchs mit der Erkenntnis auf, dass man sich nicht aussuchen kann, welche der universellen Gesetzmäßigkeiten man einhalten will. Sie gelten alle und du kannst dich entweder bewusst an alle halten oder eben nicht. Doch wenn du es nicht tust, dann erfährst du niemals ein Wachstum, das dein gesamtes Wesen weiterbringt.

Es mag so aussehen, als ob du gewinnst, weil ein Bereich deines Lebens diesen Anschein erweckt, aber in Wahrheit gewinnst du überhaupt nicht, wenn du nicht in Übereinstimmung mit allen universellen Gesetzmäßigkeiten lebst.

So zu tun, als ob, bedeutet nicht, gekünstelt oder unauthentisch aufzutreten. Es geht darum, dich zuerst anders zu verhalten. Dies ist ein Schritt zur Veränderung deiner Selbstwahrnehmung mit dem Ziel, deine innere Gefühlswelt zu verändern. Wenn du diese Veränderung spürst, dann weißt du, dass du auf dem richtigen Weg bist. Gefühle sind die Sprache des Unterbewusstseins.

Im Januar 1988 begann ich eine neue Karriere als Immobilienverkäufer. Mein Dad gab mir zwei Ratschläge, die ich sofort umsetzte:

1. Verhalte dich so, als wärst du der erfolgreichste Immobilienverkäufer, den es je gab. Wenn du das tust, werden die Menschen es dir glauben, und vor allen Dingen wirst du es selbst glauben.

2. Umgib dich nur mit erfolgreichen Verkäufern.

Das waren mit die besten Ratschläge, dich ich je verinnerlicht habe. Ich sorgte dafür, dass ich in einem Maklerbüro mit erfolgreichen Verkäufern anfing; ich hielt mich eng an sie und lernte von ihnen. Ich verhielt mich so, als ob ich jeden Tag ein Haus verkaufen würde und das schon immer getan hätte. Meine allerersten Kunden wären nie darauf gekommen, dass das mein erster Immobilienverkauf war. Entscheidend war, dass ich ihnen einen Service bot, der alles übertraf, was sie zuvor erlebt hatten. Und so war ich in ihren Augen der erfolgreiche Agent, für den ich mich ausgab, und es dauerte nicht lange, bis mein Selbstbild dem entsprach.

Wenn enge Freunde oder Familienmitglieder mich niedermachen wollten, ließ ich ihre Kommentare einfach an mir vorbeiziehen, ohne ihnen

Energie zu geben. Dad meinte stets dazu: „Sie wissen es eben nicht besser. Vergib ihnen und mach' weiter." Also blieb ich in meiner Rolle und schon bald war ich genau der, den ich spielte. In meinem ersten Jahr schaffte ich es in einer großen landesweiten Immobilienfirma gleich in die Liste der besten 100 Verkäufer.

Für mich war das kein Experiment. Es ist eine Art zu leben, mit der ich aufgewachsen bin und die bei mir immer funktioniert hat.

Wenn du definierst, wie die von dir angestrebte höhere Version deiner Selbst aussehen soll, und du beginnst, dich entsprechend zu verhalten, dann hältst du dich gerader, lächelst breiter, bewegst dich selbstbewusster und handelst in jeder Hinsicht so, als ob diese Vision schon wahr ist.

Von Jim Rohn stammt dieser Satz: „Wir entsprechen dem Durchschnitt der fünf Menschen, mit denen wir am meisten Zeit verbringen." Das ist absolut wahr. Mit welchen Menschen umgibst du dich?

Mein Dad hat dieses Zitat in seinen Seminaren gern auf einem großen Bildschirm gezeigt: Wenn du dich mit Menschen umgibst, die etwas bewegen – mit Menschen, die sich in deine gewünschte Richtung bewegen – dann ist allein die Tatsache, dass du sie um dich hast, bereits ein Schritt auf deinem Weg, besser zu werden. Und dann fügte er noch hinzu, dass wir uns mit positiven Menschen umgeben sollen, die uns unterstützen und die draußen in der Welt etwas bewegen. Ich bin absolut davon überzeugt, dass dies zutrifft.

Ich denke oft über die Persönlichkeitsstärke meines Vaters nach. Erst gegen Ende seines Lebens gab er zu verstehen, dass er am Anfang Versagensängste hatte.

Zu Beginn war das Durchführen von Seminaren sehr arbeitsintensiv und nicht immer profitabel. Er gab sein erfolgreiches Reinigungsunternehmen auf, das er in verschiedenen Städten und Ländern zu einem Imperium ausgebaut hatte, nur um seinen Traum zu verfolgen und dieses Wissen weiterzugeben. Das brachte ihm viel Kritik und auch Selbstzweifel ein. Er erzählte mir, dass er in diesen Momenten seinen Fokus darauf lenkte, dieses Wissen zu vermitteln, das es ihm überhaupt erst ermöglicht hatte, sein Imperium aufzubauen.

Von der Bühne aus zu lehren – das war alles, was er wollte, und auch wenn er nur eine kleine Zuhörerschaft hatte, tat er so, als ob jeder Platz im Raum besetzt wäre.

Ich werde nie erfahren, wie lange es dauerte, bis mein Vater so gut geworden war, wie er es sich vorstellte, aber ich weiß, dass es Jahre waren. Da mein Dad ständig an seiner Selbstoptimierung arbeitete, hat er sein Selbstbild sicher viele Male geändert … und seine Vorstellung von dem, wohin er sich in seiner Persönlichkeit entwickeln wollte, ständig erweitert. Er hat ständig neue Höhen angestrebt. Selbst im Alter von 87, in den Tagen kurz vor seinem Tod, studierte er weiter und arbeitete an sich selbst.

Immer wenn sich ein Zweifel in meine Gedanken einschleichen will, frage ich mich in einem ruhigen Moment: „Was würde mein Vater jetzt tun?“ Und dann verpflichte ich mich zu derselben Disziplin und Beharrlichkeit, die er mir mein ganzes Leben lang vorgelebt hat.

ÜBERLEG MAL …

Triff die Entscheidung, dass du selbst bestimmst, wer du bist. Und niemand anders.

In unserem Leben vermehrt sich, worauf wir unsere Aufmerksamkeit richten. Reflektiere daher ganz bewusst, auf was du deinen Fokus lenkst, und denke stets daran, dass die Negativität sich ebenso leicht an dich anheftet wie das Positive. Du entscheidest, was sich an dich anheften soll.

Halte an der Vision fest.

Mach dir bewusst, dass es nicht immer einfach ist, so zu tun, als ob, denn wir alle haben Freunde und Verwandte mit ihren eigenen Ansichten darüber, wer wir sind. Es ist unangenehm, ihnen eine andere Version von uns zu präsentieren. Tatsächlich ist es oft so, dass diejenigen, die uns besonders nahe stehen, als erste versuchen, uns zu Fall zu bringen. Sie tun dies, weil sie sich bedroht fühlen, ohne sich dessen unbedingt bewusst zu sein.

Mein Dad meinte dazu immer: „Die Menschen wehren sich nicht gegen Veränderungen; sie wehren sich dagegen, verändert zu werden.“ Und wenn du dich gegenüber den Menschen, die dir nahestehen, anders verhältst, werden sie unruhig: Du bringst ihre Welt aus dem Lot und sorgst für Veränderungen.

Das ist der wahre Test – wenn du dich der Kritik der Menschen aussetzt, die du liebst und die dir nahe sind. Wie stark hängst du an deiner Vision?

Wenn wir uns kritisiert fühlen, ist das genau der richtige Zeitpunkt, um an unserer Vision festzuhalten und mit Zuversicht und Entschlossenheit zu handeln, damit wir zu dieser besseren Version von uns selbst werden – ohne Wenn und Aber.

Wenn du in der Lage bist, an deiner Vision festzuhalten und so zu tun, als ob, auch wenn dich die Schärfe der Meinungen anderer tief trifft, dann weißt du, dass dein Verhalten mit deiner Überzeugung übereinstimmt.

NOTIZEN :

Triff eine kluge Wahl

„Du kannst dir zwar nicht deine Verwandten aussuchen, aber du kannst – und solltest – dies mit allen anderen tun."
– Bob Proctor

Lloyd Conant, Leland Val Van De Wall, mein Dad und Earl Nightingale

Wie bereits erwähnt, zählt zu den wichtigsten Dingen, die mir mein Vater beigebracht hat, dass ich mich mit Menschen umgeben soll, die mich dazu bringen, besser zu denken, besser zu handeln und besser zu sein. Er meinte oft zu mir: „Brian, du solltest nie der Klügste im Raum sein. Umgib dich lieber mit Menschen, die dich anregen, über dich hinauszuwachsen."

Überleg doch mal: Einstellungen und Verhaltensweisen wirken ansteckend, und die Menschen um dich herum haben einen entscheidenden Einfluss auf dein Leben – sowohl positiv als auch negativ.

Ungefähr zu der Zeit, als ich zur Welt kam, traf mein Vater einen Mann namens Ray Stanford. Ray war wahrscheinlich der erste wirklich erfolgreiche Mensch, der meinem Dad als Mentor zur Seite stand. Auf jeden Fall war er der erste, der daran interessiert war, ihm zu helfen, ein besserer Mensch zu werden.

Als sich ihre Freundschaft vertiefte und mein Dad das umsetzte, was er von Ray lernte, bemerkte er, dass er auch andere gute Menschen in sein Leben zog. In der Folge erweiterte sich sein Bewusstsein und sein Leben verbesserte sich. Zum ersten Mal begann mein Vater bewusst zu entscheiden, wie und mit wem er seine Zeit verbringen wollte. Ich weiß noch, wie er mir seine Gefühle schilderte, als er endlich verstand, dass die Kontrolle über sein Leben bei ihm selbst lag. Dies gab ihm Hoffnung.

Dad war ein Mann der Tat. Lass mich dir ein Beispiel dafür geben, was ich damit meine. Viele Jahre lang hörte mein Dad sich jeden Tag die Tonaufnahmen von Earl Nightingale an. Während er in seinem Wagen fuhr, hielt er mit der einen Hand einen tragbaren Schallplattenspieler fest und hörte sich „*Lead the Field*" und „*Das magische Wort*" an. Es waren mit die ersten Tonaufnahmen von Earl. Dad hatte sie sich so oft angehört, dass er sie Wort für Wort wiedergeben konnte. Ohne es zu wissen, wurde Earl so zu einem Mentor meines Dads. Nachdem er viel Zeit damit verbracht hatte, sein Unterbewusstsein mit Earls Lehren umzuprogrammieren, wollte er unbedingt den Mann kennenlernen, der sein Leben so tiefgreifend beeinflusst hatte.

Im Jahr 1971 unternahm mein Dad einen kühnen Schritt, der seiner jungen Karriere eine neue Richtung gab. Er rief einfach in Chicago im Büro von Earl Nightingale an und wollte ihn sprechen. Earl war außer Haus, aber die Sekretärin notierte sich die Telefonnummer meines Dads und versprach, dass Earl ihn zurückrufen würde. Nun, zu seiner großen Überraschung rief ihn Earl Nightingale tatsächlich zurück! Am Telefon hörte mein Dad die tiefe, sonore Stimme von Earl das sagen, was er schon tausendmal am Beginn seiner Schallplatten gehört hatte: „Hallo, hier ist Earl Nightingale."

Er erzählte mir, dass Schockwellen durch seinen Körper rasten, als er Earls Stimme am anderen Ende hörte, und dass er beinahe den Hörer fallen ließ.

Ohne zu zögern bat mein Dad um einen Termin und fügte hinzu, dass er hierfür nur allzu gern nach Chicago fliegen würde.

Earl erwiderte, dass er sehr viel zu tun hatte und dass mein Dad sich mit jemandem aus seinem Büro zusammensetzen konnte. Das war nicht die Antwort, die mein Vater erwartete, und so wiederholte er mit klaren Worten seine Bitte und machte deutlich, dass er Earl Nightingale persönlich treffen wollte. Und da er ein geborener Verkäufer war, bot er Earl gleich verschiedene Tage und Uhrzeiten an, um ihn in Chicago zu treffen.

Earl schmunzelte und willigte ein, und so saß mein Dad schon bald vor Earl Nightingales Schreibtisch in dessen Büro in Chicago. Und bevor ich mich versah, zogen wir schon nach Chicago. So schnell und selbstbewusst schritt Bob Proctor zur Tat.

Schon bald gehörten Earl Nightingale und Lloyd Conant zu den Menschen, von denen sich mein Dad beeinflussen ließ. Ich war noch ein kleiner Junge, als wir nach Chicago zogen, damit er mit diesen zwei Schwergewichten des Persönlichkeitstrainings zusammenarbeiten konnte. Mein Vater sagte immer, dass die beiden nicht nur ein Unternehmen gegründet hatten, sondern gleich eine ganze Industrie. Die Erfahrungen, die mein Dad durch die Arbeit mit Earl und Lloyd gewann, bildeten für ihn das Sprungbrett, um es selbst zu versuchen. Mein Dad erzählte von den vielen neuen Ideen, die ihm während seiner Arbeit bei Nightingale Conant kamen, und da sein Büro direkt neben dem von Earl lag, wusste er immer, welches Buch Earl gerade las, und er besorgte sich rasch selbst ein Exemplar.

Besonders schöne Kindheitserinnerungen habe ich an Lloyd Conant, wenn wir bei ihm zum Abendessen eingeladen waren. Er war wie ein Großvater für mich. Lloyd brachte meinem Vater erst so richtig bei, wie wichtig Marketing und Verkauf tatsächlich sind.

Dad hatte einen anderen Freund, mit dem er in Chicago viel Zeit verbrachte. Sein Name war Gerry. Zu dieser Zeit bildete sich in der Vorstellung meines Dads langsam die Idee heraus, vor großen Gruppen zu sprechen. Es war tatsächlich in unserem Haus in der Maplewood Lane in Glenview, Illinois, dass mein Dad während seiner Tätigkeit für Nightingale Conant auf einer Zielkarte festhielt, dass er ein auf der ganzen Welt aktives Unternehmen aufbauen wollte.

Unser Haus in der Maplewood Lane in Glenview, Illinois

Eines Tages auf der Autofahrt zur Arbeit kam meinem Dad die Inspiration, seine Stimme so aufzuzeichnen, als ob er vor Publikum sprechen würde. Diese Idee begeisterte und verängstigte ihn gleichermaßen. Sofort machte er sich daran, eine Demoaufnahme zu erstellen. Ich kann mich erinnern, dass er mir erzählte, wie viel Zeit und Anstrengung er in diese Tonaufnahme investierte. Unzählige Male überarbeitete er seine Präsentation, um sie perfekt hinzubekommen.

Er bat Gerry, sich die Aufzeichnung anzuhören. Das war für ihn ein großer Schritt, aber er war stolz auf sein Werk.

Der Tag, an dem er seinem Freund die Aufnahme vorspielte, bildete für meinen Dad einen Wendepunkt. Die beiden saßen im Wohnzimmer auf der Couch und Dad spielte das Tonband ab. Es fiel kein Wort, aber der Blick seines Freundes sagte alles. Er schämte sich für meinen Vater.

Ich denke oft daran, wie viel Mut mein Dad brauchte, um in diesen frühen Tagen weiterzumachen. In diesem peinlichen Moment der Verlegenheit wäre es für ihn ein Leichtes gewesen, einfach zu sagen: „Na ja, das war halt so 'ne Idee“, und das Ganze zu vergessen. Und das tat er auch – für zwei Stunden. Doch dann wurde ihm klar, was er da tat: Er erlaubte es einem anderen Menschen, ihm seinen Traum zu stehlen, bloß weil ihm die Präsentation peinlich war und er sich schämte.

Dad merkte rasch, dass von seinem Freund weder Unterstützung noch Ermutigung kam. Mit nur einem Blick hatte dieser ihn niedergemacht. Danach ging mein Dad allmählich auf Distanz und sie verbrachten nicht mehr so viel Zeit miteinander.

Es kann schwierig sein, mit gewissen Menschen weniger Zeit zu verbringen, denn zu unserem inneren Kreis gehören oft enge Freunde oder Verwandte, die wir schon ein Leben lang kennen. Und es ist für sie nicht unbedingt angenehm, wenn wir uns verändern.

Ich bewundere meinen Vater dafür, dass er niemandem erlaubte, auch keiner nahestehenden Person, ihn von seinem Ziel abzubringen.

Dies ist ein ausgezeichnetes Beispiel dafür, warum wir sorgfältig auswählen müssen, wer zu unserem Kreis gehören soll. Wir brauchen Menschen, die nicht nur unseren Traum unterstützen, sondern uns ermutigen und herausfordern. Und solch ein Mensch müssen wir auch für andere sein. Es ist ganz natürlich, wenn wir auf dem Weg der Persönlichkeitsentwicklung über unser Umfeld hinauswachsen. Dafür brauchst du die anderen nicht völlig aus deinem Leben zu verbannen; besuche sie einfach seltener und verbringe dort weniger Zeit.

Ich habe immer gelacht, wenn ich meinen Dad sagen hörte: „Ich will nicht viel Zeit mit jemandem verbringen, der keine Ziele hat, denn sonst könnten seine Ergebnisse mich anstecken!“

ÜBERLEG MAL …

Umgibst du dich mit den richtigen Menschen?

Für eine Vorschau auf deine Zukunft brauchst du dir nur die Menschen anzusehen, mit denen du herumhängst.

Wir werden zu dem, woran wir die meiste Zeit denken – und woran wir denken, wird zum großen Teil dadurch bestimmt, mit wem wir die meiste Zeit verbringen.

Triff eine kluge Wahl.

Zu wachsen kann auch bedeuten, andere Freunde und Kollegen zu bekommen. Und das ist okay – es gehört zum Leben dazu. Wenn du hart arbeitest und dich nicht auf falsches Denken einlässt, bist du auf dem richtigen Weg zur Zielerreichung. Darauf musst du vertrauen.

Beginne mit einer Liste mit fünf Personen, durch deren Hilfe dein Wachstum einen neuen Level erreichen kann. Das können Menschen sein, die du schon kennst oder erst kennenlernen willst, oder auch Menschen, denen du nie begegnen wirst und von denen du trotzdem etwas lernen kannst.

Der Erfolg stellt sich ein, wenn du deine Ziele im Blick behältst und stets alles gibst, um noch besser zu werden.

NOTIZEN :

Ein echter Profi

„Du wirst nicht zum Profi, indem du bestimmte Dinge tust – du wirst zum echten Profi, indem du die Dinge auf eine bestimmte Art und Weise tust."
– Bob Proctor

Vor Kurzem sah ich mir eine Aufzeichnung an, in der mein Vater den ersten Teil eines Masterclass-Programms moderiert, das er während der Pandemie entwickelt hatte. Wenn ich ihn online lehren sehe, kann ich mich besser in sein Publikum hineinversetzen.

In diesem Abschnitt ging es um neue Inhalte. Ich wusste, dass er dieses neue Programm intensiv vorbereitet hatte. Bei unseren morgendlichen Gesprächen meinte mein Dad oft zu mir: „Wenn ich nur mehr Menschen mit diesen Inhalten erreichen könnte!“ Dann wusste ich, dass er seine Präsentation immer und immer wieder überarbeitete, im Bestreben, sich noch leichter verständlich auszudrücken.

Dabei diente ihm dieses Zitat von Albert Einstein als Leitprinzip:

„Wenn du es nicht einfach erklären kannst, hast du es nicht gut genug verstanden.“

Ich bezweifle, dass den Menschen bewusst ist, wie viel Zeit mein Vater in die Vorbereitung seiner Seminare investierte. Sie konnten es unmöglich wissen, es sei denn, man unterhielt sich, so wie ich, täglich mit ihm. Sonst konnte man es nicht erkennen, denn mein Vater war ein solcher Profi, dass es ganz leicht aussah.

Dad arbeitete an jeder Präsentation, als ob es seine erste wäre. Er wollte seine Präsentation und die visuellen Tools ständig weiter verbessern und verfeinern, um noch mehr Leute zu erreichen. Ich erinnere mich zum Beispiel an eine Folie, bei der es um die Schwingung ging. Er hatte einen Weg gefunden, die Folien übereinander zu legen, um die verschiedenen Schwingungsebenen zu verdeutlichen. Davon war er sehr begeistert und ich muss lachen, wenn ich daran denke, wie oft er mir diese Folie gezeigt hat.

Weißt du, Bob Proctor hat nie improvisiert. Er hat an jeder Präsentation bis zur allerletzten Minute gearbeitet und sie ständig verfeinert. Wenn er mir PowerPoint-Folien schickte, von denen er schwer begeistert war, dachte ich oft: „Die sehen aus wie die, die du mir gestern geschickt hast.“ Aber für meinen Dad war das Kreieren der Folien ein Teil seiner Vorbereitung. Damit erschuf er eine Argumentation, der seine Kunden folgen konnten. Und in jeder kleinen Anpassung steckte das Potential, das Leben eines weiteren Menschen zu verändern.

Gegen Ende seines Lebens, als ihm alles schwerer fiel, schlug ich ihm vor, Material aus einer früheren Präsentation zu verwenden, statt eine völlig neue zu erstellen. Er sah mich an, als ob ich in einer ihm völlig unbekannten Sprache rede.

Dad ließ sich bei seinen Präsentationen und insbesondere bei seinen PowerPoint-Folien nie von jemandem helfen; ich denke, diese Folien waren wie seine Kreidetafel aus der Anfangszeit. Ich weiß, dass Gina viele Male versuchte, ihm etwas vorzuschlagen. Nach jedem Event oder Online-Seminar erhielten wir E-Mails mit Ideen, wie man die Folien von Dad verbessern oder aktualisieren könnte. Doch ehrlich gesagt hielt er das für völlig unwichtig. Es war ihm völlig egal, wenn da Farbunterschiede oder mehrere Schriftarten zu sehen waren. Nein, er ließ sich von seiner Intuition leiten und gestaltete jede Folie so, dass sie am besten die Idee illustrierte, die er gerade vermitteln wollte.

Cory erstellte manchmal eine Liste mit Schreibfehlern, die ihr während einer Präsentation auffielen, aber er lachte nur, wenn er sie zu sehen bekam. Zum Glück fand Gina eine Möglichkeit, die Korrekturen klammheimlich einzufügen.

Dies ist ein Beispiel dafür, was ich damit meinte, dass mein Dad ein Profi ohne Wenn und Aber war. Er war immer gut vorbereitet und gab stets sein Bestes – selbst wenn es für ihn leichter gewesen wäre, Hilfe anzunehmen. Er brauchte diesen kreativen Prozess, denn er wusste, dass er so das meiste aus sich herausholen konnte. Es spielte keine Rolle, wie er sich fühlte oder was um ihn herum vor sich ging. Er sorgte einfach dafür, dass er alles geben konnte; und seine Botschaft klar zu vermitteln, war das Wichtigste für ihn.

Mein Vater erzählte gern die folgende Geschichte, wenn er vor einer Gruppe von angehenden Rednern und Lebensberatern sprach, damit sie eine Perspektive und ein besseres Gefühl für ihren Geschäftsaufbau bekamen.

Anfang der 1970er Jahre arbeitete mein Dad daran, sich einen Namen zu machen. Er hatte ein klares Bild von sich selbst vor Augen, wie er auf der Bühne vor einer großen Zuhörerschaft sprach, die ihm gerne folgen wollte.

Mein Dad und David Nightingale (der Sohn von Earl) hatten sich voll verausgabt und in Chicago einen teuren Theatersaal gemietet. Er war wunderschön, mit geschwungenen Sitzreihen, edlem Holz und einer erhabenen Bühne. Das war exakt so, wie er es sich vorgestellt hatte. Es gab ein paar tausend Sitzplätze – und bei der ersten Besichtigung wusste er sofort, dass dies der perfekte Ort für den Start seiner Rednerkarriere war.

Um das Theater zu füllen, brauchte er eine gute Marketingstrategie. Ein Freund half ihm, eine Broschüre für das Direktmarketing zu entwerfen. Damals konnte man Adressen einfach kaufen und so beschloss er, 20 000

Broschüren an Privat- und Geschäftsadressen in der näheren Umgebung zu versenden. Seine größte Sorge war, dass der Platz nicht ausreichen würde, wenn alle kämen.

Am Tag der Veranstaltung war er mehr als nur bereit. Er hatte seine Präsentation viele, viele Male eingeübt und fühlte sich gleichzeitig selbstbewusst, aufgeregt und nervös. Um die Menschenmenge in den Griff zu bekommen, hatte er ein paar Leute engagiert, die die Gäste zu ihren Sitzplätzen bringen sollten.

Mein Dad und David standen hinter dem Vorhang, als sich die Türen öffneten, um die Massen hereinzulassen. Kurz vor dem offiziellen Beginn warf David einen Blick durch den Vorhang und mein Dad fragte ihn besorgt: „Wie viele sind da? Wie viel?"

Als die Zeit gekommen war, beschritt mein Dad voller Selbstvertrauen die Bühne. Gerade mal sechs Leute waren gekommen. Und was noch schlimmer war, diese Leute saßen über den riesigen Saal verteilt.

Nun, was mein Vater jetzt tat, ist der Beweis, wie wichtig ihm sein Traum war. Er nahm die Bühne in Besitz und sprach so, als ob das Theater voll wäre. Er gab den sechs Leuten im Publikum alles, was er geben konnte; er war ein Profi ohne Wenn und Aber.

Genau so habe ich ihn immer erlebt – mit hundertprozentigem Einsatz. Diese erste Erfahrung auf einer großen Bühne war für ihn ein echter Charaktertest, an den er sich immer erinnerte, wenn er im Leben mit ähnlichen Situationen konfrontiert war. Er trug sein Haupt immer hoch erhoben.

In seiner Karriere gab es immer wieder Zeiten, wo es ein Leichtes gewesen wäre, aufzugeben – aber diese Option existierte für ihn nicht mehr.

ÜBERLEG MAL …

Wie hoch trägst du dein Haupt?

So hoch, wie du es in irgendeiner Situation trägst, so hoch trägst du es immer.

Mein Vater brachte mir die Lektion bei, dass man alles so akzeptieren soll, wie es eben ist, statt es gleich als gut oder schlecht zu bezeichnen. Auf diese Weise bleibst du nicht in der lähmenden Denkweise stecken, nach dem Warum zu fragen. Akzeptiere es und mach weiter.

Eine Übung zum Ausprobieren …

Notiere dir jeden Morgen eine Situation, in der du dich anders verhalten willst, um deinen Kopf höher zu tragen. Und schreibe dir dann auf, wie du dich dabei gefühlt hast und wie dein Umfeld darauf reagierte. Wenn du dich gewissenhaft an diese Übung hältst, wirst du Fortschritte erzielen.

Sie fördert deine Selbstwahrnehmung und hilft dir, dich selbst und andere besser zu verstehen. Sie setzt Tatenergie in dir frei.

NOTIZEN :

Es gibt immer einen Weg

„Wenn du wirklich etwas willst und dies mit einem Verständnis für dein Wesen, deine spirituelle Natur und die dich lenkenden Gesetzmäßigkeiten verbindest, kann dich nichts aufhalten."
– Bob Proctor

Ende der 1970er Jahre, ich war gerade 14, lebten wir in Kalifornien. Dad hatte die Idee, dass es meinen Geschwistern und mir sicher Spaß machen würde, bei verschiedenen damals gerade populären TV-Shows im Studiopublikum zu sitzen

Bis heute weiß ich noch nicht, wie er es geschafft hat, aber wir durften bei der Spielshow *„The Joker's Wild"* und bei den Dreharbeiten zum Pilotfilm einer Sitcom zusehen. Die lebhafteste Erinnerung habe ich allerdings an die *„Johnny Carson's Tonight Show"*.

Mein Dad hatte Zuschauer-Tickets für das Studio besorgt, aber man ließ uns nicht hinein, weil wir alle, meine Schwester, mein Bruder und ich, noch keine 18 waren. Diese Ablehnung ließ meinen Dad aktiv werden.

Er griff sofort zum Telefon und rief alle Leute an, die er in der Unterhaltungsindustrie kannte. Schließlich erzählte ihm ein Freund, dass man das Verbot für Minderjährige im Publikum umgehen kann, indem man sie hinter die Bühne platziert. Dieser Mann führte ein paar Telefonate und schon führte man uns hinter die Studiobühne, wo wir auf hohen Stühlen Platz nahmen und alles genau sehen konnten. Es waren die besten Plätze im ganzen Studio; wir konnten alles ganz aus der Nähe beobachten.

Es war ein besonderes Gefühl, direkt hinter der Bühne zu sitzen. An jenem Abend war Johnny Carson zwar nicht da, aber er ließ sich durch einen ganz besonderen Moderator vertreten: Flip Wilson. Flip nahm sich Zeit, um uns persönlich zu begrüßen. Er war warmherzig und freundlich und hatte ein wunderschönes Lächeln. Ich werde seine Liebenswürdigkeit nie vergessen. Wir hatten auch Gelegenheit, Ed McMahon kennenzulernen. Auch er nahm sich Zeit, uns zu begrüßen und uns ein paar Fragen zu stellen. Es war ein magischer Abend.

Jahre später, als wir gerade in Erinnerungen schwelgten, fragte ich meinen Dad, wie es ihm gelungen war, uns gegen alle Regeln ins Studio zu bringen. Seine Antwort war: „Wenn man wirklich etwas will, gibt es immer einen Weg, es wahr werden zu lassen."

Bei meinem Vater habe ich gelernt, wie wichtig es ist, gute Beziehungen zu pflegen zu den Menschen, die man trifft, sowie auch zu den Menschen, mit denen man beruflich zu tun hat. Dad nahm es sehr wichtig, den Menschen in seinem Umfeld zu helfen und sie miteinander bekanntzumachen. Er half immer seinen Freunden und auch Menschen, die er noch gar nicht kannte. Das alles resultierte in einem großen, weltweiten Netzwerk von Menschen, die wussten, dass sie sich auf ihn verlassen können.

Im Lauf der Jahre habe ich immer wieder erlebt, dass manche beim ersten Zusammentreffen mit meinem Vater so nervös waren, dass sie kein Wort über die Lippen brachten. Mein Dad ging offen auf sie zu und beruhigte sie mit den Worten: „Ich bin genau wie Sie und Sie sind genau wie ich; wir sind nicht anders als andere. Sie brauchen also nicht nervös zu sein, weder in meiner Gegenwart noch in der anderer Menschen."

Ich weiß noch, wie er sagte: „Wenn du zu jemandem aufsiehst, weil du ihn für etwas Besseres hältst, dann blickst du wahrscheinlich auch auf jemanden herab, den du als etwas Geringeres betrachtest." Er war fest davon überzeugt, dass man so nicht leben darf. Wir sollen viel eher alle Menschen als gleich betrachten.

Ja, manche haben mehr und andere weniger. Wir dürfen niemals die Lebensreise eines Menschen beurteilen, sondern sollten jeden so behandeln, wie wir mit uns selbst umgehen. Wenn wir uns so verhalten, fühlen wir uns in jeder Umgebung wohl.

Vor ein paar Jahren saß ich in einem Meeting mit meiner guten Freundin Peggy McColl. Sie plante gerade ein Event für werdende Internet-Unternehmer und hatte mich gebeten, mir als Jurymitglied die Geschäftsideen anzuhören. Die Aufgabe der Jury war es, unsere Meinung darzulegen und den Jungunternehmern Anleitung und Feedback zu geben sowie sie zu ermutigen.

Als ich mit Peggy zusammensaß und wir unseren Ideen freien Lauf ließen, wollte sie von mir wissen, ob wir nicht gemeinsam ein Buch schreiben könnten.

Mein erster Gedanke war: „Ich bin mir nicht sicher, ob ich ein Buch schreiben kann." Dann sprachen wir über verschiedene Möglichkeiten, wie wir diesen Wunsch verwirklichen konnten. Peggys Begeisterung übertrug sich auf mich und machte mir Mut. Ich borgte mir ihren Glauben. Wir gingen es unter dem Gesichtspunkt an, dass die herkömmliche Art, ein Buch zu verfassen, nicht für uns passt. Es war für uns wichtig, dass wir uns nicht von meiner Meinung über das Bücherschreiben einschränken lassen durften.

Bei unserem weiteren Gespräch kamen wir auf die Idee, eine Webinar-Reihe abzuhalten. In diesen Webinaren sollten die Inhalte zur Sprache kommen, die wir in unserem Buch haben wollten. Im Anschluss an die Entscheidung legten wir rasch die Kalenderdaten fest, verkauften die Webinare und führten sie durch. Und wir zeichneten alles auf. Dann nahmen wir das mit den Webinaren verdiente Geld und bezahlten damit einen Ghostwriter, der aus den Aufzeichnungen dann ein Buch machte.

Es gibt immer einen Weg.

Wir gaben dem Buch den Titel: *Darn Easy: Work Half as Hard, Earn Twice as Much While Living the Life of Your Dreams.* In diesem Buch geht es darum, wie man sich das Leben erleichtern und in einen Flow-Zustand kommen kann. Wir hatten einen Weg gefunden, um das Buch auf unsere Weise zu vollenden. Ein großes Verlagshaus gab uns sogar einen Vorschuss, weil ihnen die Idee gefiel. Das war zu einer Zeit, als man kaum je einen Vorschuss auf ein Buch erhielt. Der gesamte Prozess war tatsächlich – verdammt einfach!

Neue Wege öffnen sich, wenn wir bereit sind, uns neue Ideen und Gelegenheiten anzusehen. So wie mein Dad kein „Nein" hörte und einen anderen Weg fand, damit wir ins TV-Studio konnten, haben Peggy und ich einen besseren Weg gefunden, um unser Buch herauszubringen.

DARN EASY
WORK HALF AS HARD,
EARN TWICE AS MUCH,
WHILE LIVING THE LIFE
OF YOUR DREAMS

ÜBERLEG MAL …

Gib nicht auf.

Es gibt immer einen Weg, dein Ziel wahr werden zu lassen. Bleib offen und halte Ausschau nach Gelegenheiten. Wenn mein Dad etwas wirklich wollte, dann hörte er auf kein „Nein".

Betrachte die Situation aus unterschiedlichen Blickwinkeln, wenn sie dich herausfordert. Vielleicht hast du von meinem Vater gehört, wie er mit Herausforderungen umging: Er schrieb sie auf ein Blatt Papier und legte es mitten auf den Tisch. Dann nahm er um den Tisch herum verschiedene Positionen ein und betrachtete die Herausforderung aus der Perspektive seiner längst verstorbenen Mentoren. Sei offen für andere Denkweisen. Schwinge dich auf die unendliche Intelligenz ein.

Baue dein Netzwerk aus.

Halte bei jeder neuen Bekanntschaft Ausschau nach etwas, was euch beide verbindet. Das kannst du ganz leicht herausfinden, wenn du deinen Fokus nicht auf dich selbst, sondern auf deinen Gesprächspartner richtest. Stelle einfache Fragen, und im Handumdrehen habt ihr etwas gemeinsam und könnt darüber lächeln. Du wirst sehen, dass wir alle gleich sind und uns nur auf unterschiedlichen Lebensreisen befinden.

NOTIZEN :

Onkel Joe

„Wenn du wirklich etwas willst und dies mit einem Verständnis für dein Wesen, deine spirituelle Natur und die dich lenkenden Gesetzmäßigkeiten verbindest, kann dich nichts aufhalten."
– Bob Proctor

Neulich hörte ich jemand sagen: „Wenn man das Gelernte nicht anwendet, ist es bloß Unterhaltung." Ich liebe diesen Spruch, denn er betont die Tatsache, dass ohne unser Zutun nichts geschieht.

In meinem sechzigjährigen Leben waren es stets zwei Arten von Menschen, die an den Seminaren meines Vaters teilnahmen: solche, die das gesamte Wissen vor- und rückwärts aufsagen können, ohne dass sich in ihrem Leben etwas verändert ... und solche, die die Inhalte verinnerlichen und dann aktiv daran arbeiten, sie auch umzusetzen. Den Unterschied sieht man immer in ihren Resultaten und man spürt ihn auch oft in der Energieausstrahlung eines Menschen, in dessen Nähe man sich befindet.

Ein besonders hervorstechendes Beispiel für einen Menschen, der sich erst den Lehren meines Dads widersetzte und sie dann später in seinem Leben anwandte, stammt aus einem höchst unwahrscheinlichen Ort: einem Gefängnis. Bevor es für immer geschlossen wurde, zählte das Kingston Federal Penitentiary zu den ältesten und berüchtigsten Hochsicherheitsgefängnissen in Kanada.

Als mein Dad in den 1960er Jahren die Werke von Napoleon Hill und Earl Nightingale studierte, erfasste ihn ein tiefes Verlangen, dieses Wissen so umfassend wie nur möglich zu verbreiten. Und so erhielt er vom Kingston-Gefängnis die Erlaubnis, einmal im Monat samstagvormittags die Gefangenen zu unterrichten. Er wollte ihnen ihr Potential aufzeigen, wie sie ihre Denkweise positiv verändern können, damit sie nach ihrer Entlassung aus dem Gefängnis nie wieder dorthin zurückkehren müssen. Zu der Zeit gab es Bestrebungen, die Rückfallquoten zu senken, und das Ansinnen meines Dads passte perfekt dazu.

Wenn ich daran denke, wie mein Dad stets davon sprach, dass man sich seiner Angst stellen soll, kommt mir immer diese Geschichte in den Sinn.

Zu der Abmachung, die mein Vater mit dem Gefängnis getroffen hatte, gehörte auch, dass jeder Häftling, der an seinem Kurs teilnehmen wollte, dies auch durfte, ohne Ausnahmen. Die Gefängnisleitung hielt dies für eine schlechte Idee, aber mein Dad beharrte auf dieser Bedingung und blieb in echter Bob-Proctor-Manier bei seinem Verlangen, dass jeder Insasse teilnehmen durfte. Die Leitung stimmte schließlich zu.

Mein Dad wurde unter den Häftlingen schnell bekannt, auch weil er ihnen Kaffee, Donuts und Zigaretten mitbrachte.

Das zog natürlich alle möglichen Leute an. Mein Dad meinte, wenn es ihm gelingt, die Häftlinge in den Kursraum zu bringen, dann bleiben sie auch da, um sich seine Inhalte anzuhören. Er wusste, dass er damit möglicherweise ihr Leben verändern konnte. Die Hürde bestand darin, dass er sie dazu bringen musste, ihm zuzuhören.

Bei jedem dieser monatlichen Treffen saß ein Kerl ganz hinten im Raum auf einem Tisch. Er schlenkerte seine Beine auf lautstarke Weise hin und her und hatte ein furchteinflößendes Grinsen im Gesicht. Er lachte lautstark über meinen Vater und machte über die vermittelten Inhalte Witze. Sein Name war Joe.

Der Wärter erzählte, dass Joe seit sieben Jahren in Einzelhaft war. Er durfte seine Zelle nur für eine Stunde am Tag verlassen. Dann konnte er im

Gefängnishof umhergehen, um ein wenig an die frische Luft zu kommen. Während dieser Stunde durfte kein Mitgefangener in seiner Nähe sein. Der Wärter nannte Joe einen „wilden Hund“ und warnte meinen Dad davor, ihm zu nahe zu kommen.

Joe war ein ständiger Störenfried im Raum. Alle fürchteten sich vor ihm, sogar die Wärter. Er war von kräftiger Statur und man sah ihm an, dass er es im Leben schwer gehabt hatte. Man hätte unter Garantie die Straßenseite gewechselt, wenn man ihm in der Stadt begegnet wäre.

Joe verbüßte eine lebenslange Haftstrafe, weil er bei einem versuchten Raubüberfall einen Menschen angeschossen und lebensgefährlich verletzt hatte. Wenn sein Opfer gestorben wäre, hätte Joe die Todesstrafe erwartet, die damals in Kanada noch existierte.

Die Vorträge meines Dads waren für Joe eine Gelegenheit, jeden Monat für ein oder zwei Stunden der Einsamkeit zu entkommen.

Beim Erzählen dieser Geschichte betonte mein Dad immer, wie unangenehm es für ihn war, dass Joe hinten saß. Joes dauernde Störversuche waren so heftig, dass es meinem Dad zunehmend schwerfiel, die Gruppe bei der Stange zu halten. Joe besaß ganz allein die Kontrolle über den Raum. Mein Dad erkannte, dass er etwas ändern musste, denn sonst würde es keinen Sinn mehr machen, den Weg auf sich zu nehmen und diese monatlichen Treffen abzuhalten.

Das Kingston-Gefängnis lag für Dad drei Autostunden entfernt. Das allein schon zeigt das Engagement meines Dads, etwas zu bewegen. Auf der Hinfahrt hatte er viel Zeit, um über die Treffen nachzudenken, und mit jedem Kilometer wuchs seine Furcht.

Ihm war klar, dass er sich mit Joe auseinandersetzen musste, aber es hätte ihn in den Augen der anderen Gefangenen unglaubwürdig gemacht, wenn er die Wärter die Sache regeln ließ. Also musste er einen anderen Weg finden. Schließlich, nach drei Monaten des Störens, beschloss mein Dad, dass er diesen Kerl direkt vor der Gruppe angehen musste.

Es wäre untertrieben zu sagen, dass mein Dad sich seiner Angst stellte … er fürchtete um sein Leben! Wenn er diese Geschichte erzählte, habe ich mich oft gefragt, wie ich mich wohl in dieser Situation gefühlt hätte. Dazu muss man wissen, dass mein Vater in den 1960er Jahren ein dürrer Rotschopf war, der noch nicht mal 70 Kilo wog.

Als der Tag gekommen war, an dem er Joe konfrontieren wollte, begann er das Meeting zunächst wie immer. Aber er hörte sofort zu sprechen auf, als das Störfeuer von hinten wieder begann. Der Moment der Abrechnung war gekommen. Als mein Dad an den anderen Gefangenen vorbei bis ans Ende des Raums schritt, wurde es totenstill. Er stellte sich direkt vor Joe, nur Zentimeter von dessen bedrohlichem Gesicht entfernt.

Mit der kräftigsten Stimme, zu der er fähig war, blickte er Joe an und sprach: „Du musst der blödeste Mistkerl sein, der mir je begegnet ist. Wenn du dir die Mühe machst, dir anzuhören, was ich zu sagen habe, kannst du vielleicht etwas lernen."

Joes Gesicht lief tiefrot an. Mein Dad hatte eine solche Angst, dass er in seinem Wollanzug zu schwitzen begann. Er hatte keine Ahnung, was als Nächstes passieren würde, und die Wärter rührten sich nicht.

Er überwand seine Furcht und sagte: „Ich verdiene in einer Stunde mehr Geld, als du in einem Monat stehlen kannst, und wenn ich heute hier fertig bin, verlasse ich dieses Gefängnis mit freien Schritten, steige in mein schönes Auto mit Klimaanlage und fahre nach Hause." Und er fuhr fort, wobei er Joe fest in die Augen sah: „Wenn ich weg bin, bringt man dich in deine kleine Zelle zurück und schließt dich wieder ein."

Joe saß da, zitternd vor Wut, und starrte meinen Dad an. Man konnte die Anspannung mit Händen greifen. Auf einmal begann Joe, hysterisch zu lachen. Er muss meinen Vater für den verrücktesten Typen gehalten haben, den er je gesehen hat.

Mein Dad drehte sich um und während er nach vorn ging, rief er: „Wenn du mir zuhörst, schaffst du es vielleicht raus von hier und kannst dir ein schönes Leben aufbauen."

An diesem Tag verließ mein Dad das Gefängnis mit einem Gefühl von Stolz und Erleichterung. Man hatte ihm kein Haar gekrümmt und er hatte sich einer Angst gestellt, der die meisten von uns wohl nie begegnen.

Er hatte keine Ahnung, wie es nun weitergehen würde; auf jeden Fall war er mit dem Problem so gut umgegangen, wie er nur konnte.

Zu seiner Überraschung saß Joe einen Monat später nicht mehr auf einem Tisch hinten im Raum. Stattdessen saß er ganz vorne auf einem Stuhl. Von diesem Tag an drehte sich Joe sofort um, wenn während des Vortrags meines Vaters jemand im Raum einen Laut von sich gab oder eine negative Bemerkung machte, und er warf der Gruppe einen bösen Blick zu, der sie verstummen ließ.

Er wurde zu Dads größtem Verteidiger, und jeder im Raum blieb wegen ihm in der Spur.

Doch das ist noch nicht das Ende der Geschichte. Mein Dad und Joe wurden schließlich gute Freunde. Nach einiger Zeit wurde er aus dem Gefängnis entlassen, womit keiner gerechnet hatte. Und nach seiner

Entlassung arbeitete er für meinen Vater. Er kam sogar mit nach England, um dort eine Reinigungsfirma zu gründen. Ich kannte ihn nur als Onkel Joe, so tief war die Freundschaft der beiden. Als Kind hatte ich keine Ahnung davon, dass Onkel Joe im Gefängnis gewesen war.

Heute noch sehe ich ihn vor mir und höre sein tiefes Lachen. Er war ein großer, kräftiger Kerl, und man konnte sich leicht vorstellen, dass Viele vor ihm Angst bekamen. Doch in meinen Augen war er immer nur freundlich.

Als mein Vater zum ersten Mal begann, auf der Bühne diese Geschichte zu erzählen, wusste ich sofort, wen er da meinte. Sie ist mein Beispiel aus dem echten Leben, was es heißt, sich seiner Angst zu stellen, und sie zeigt mir, wie sehr sich mein Vater dem Lehren verschrieben hatte.

Onkel Joe hat bewiesen, dass alles möglich ist, wenn man wirklich etwas ändern will, und er führte schließlich ein glückliches und produktives Leben. Wenn ich an diese frühen Tage zurückdenke, kann ich mir nur vorstellen, wie viele andere Leben in den letzten sechzig Jahren positiv verändert wurden, weil mein Vater bereit war, alles nur Erdenkliche zu tun, damit er sein Wissen weitergeben und etwas bewegen konnte.

ÜBERLEG MAL ...

Wozu bist du bereit, um eine Angst zu überwinden, die dich zurückhält?

Wenn dich die Angst daran hindert, voranzukommen, wird sie immer stärker, bis du dich ihr stellst. Das kann sogar so weit gehen, dass sie deine Gedanken beherrscht und dich nachts wachhält.

Wenn du ihr aber nicht länger erlaubst, dich zu dominieren, und du dich ihr stellst, verschwindet sie und dein Selbstvertrauen wird ganz von selbst stärker. Das ist mentale Freiheit.

Veränderungen geschehen, ob wir dazu bereit sind oder nicht – lerne, dich über deine Komfortzone hinauszulehnen.

Wenn man es mit Angst und Unbehagen zu tun bekommt, ist es am einfachsten, sich zurückzuziehen, aber das Einfachste ist oft nicht das Beste. Nichts bleibt, wie es ist, und um zu wachsen, müssen wir uns über unsere Komfortzone hinauslehnen. Ansonsten sabotiert die Angst in allen Lebensbereichen unseren Erfolg.

Du bist viel stärker und widerstandsfähiger, als du meinst. Sieh dir doch nur mal an, was du im Leben schon alles überwunden hast. Notiere dir hier gleich ein paar Beispiele.

NOTIZEN :

KAPITEL 9

REAGIEREN ODER ÜBERLEGT HANDELN?

Nur ein Stück Blech

„Zwischen Reiz und Reaktion liegt ein Raum. In diesem Raum liegt unsere Macht zur Wahl unserer Reaktion. In unserer Reaktion liegen unsere Entwicklung und unsere Freiheit."
– Viktor Frankl

Ich konnte nicht ahnen, dass ich eine Lektion, die ich mit 17 Jahren von meinem Vater lernte, 29 Jahre später an meinen eigenen Sohn weitergeben würde.

Dad hatte einen Spruch, der eines Tages zu meiner Realität wurde. Der Spruch lautet: „Entweder du besitzt das Auto oder das Auto besitzt dich."

Damit meinte er Leute, die sich einen teuren Wagen kaufen und dann niemand damit fahren lassen – noch nicht einmal ihre engsten Freunde und Verwandten. Diese übertriebene Liebe bringt ihre Prioritäten durcheinander und sie kümmern sich um das Fahrzeug oft mehr als um die wichtigen Menschen in ihrem Leben – und manchmal sogar mehr als um sich selbst.

Der Cadillac Eldorado Cabrio meines Vaters – der Wagen, mit dem wir, als ich 15 war, quer durch Amerika fuhren – war ein wunderschönes Auto. Mein Dad genoss jede Fahrt und er war sehr stolz darauf.

In diesem Wagen lernte ich das Autofahren und machte darin auch meinen Führerschein. In Bezug auf Autos war er meine erste Liebe.

Viele Jahre lang war mein Vater mehr unterwegs als zuhause. Für mich als Teenager mit einem Führerschein war das ein riesiger Vorteil, denn – ja, du hast es erraten – er erlaubte mir gern, dieses außergewöhnliche Fahrzeug während seiner Abwesenheit zu nutzen.

Und als er wieder einmal unterwegs war, baute ich mit seinem Auto einen Unfall. Ich fuhr einem anderen Wagen hinten rein. Der Unfall war allein meine Schuld.

An jenem Tag hatte ich eine Prüfung an der Schule und ich war spät dran. Und so sprang ich in Dads Auto, völlig gedankenabwesend wegen der Prüfung, und raste los. Ich fuhr zu schnell und war stets darauf bedacht, an jeder gelben Ampel noch rasch durchzuhuschen.

Um den Schulparkplatz zu erreichen, musste ich an einem Einkaufszentrum vorbei. Ich achtete nicht auf den Verkehr, denn ich hielt links Ausschau nach einem freien Parkplatz, und als ich wieder nach vorn blickte, stand die Ampel vor mir auf Rot. Der Wagen vor mir hatte schon angehalten. Als ich ihn sah, war es bereits zu spät. Ich trat hektisch auf die Bremse, um noch irgendwie zum Stehen zu kommen, aber ich schleuderte und rammte voll das Heck des stehenden Fahrzeugs.

Beim Aufprall packte mich das schiere Entsetzen.

Ich stieg aus, um nach dem anderen Fahrer zu sehen, und erkannte augenblicklich, dass es eine Frau im Alter meiner Mutter war. Langsam stieg sie aus. Sofort sah ich, dass sie nicht wütend war. Nein, sie sah verängstigt aus.

Sie kam direkt auf mich zu und umarmte mich. Du kannst dir vorstellen, wie sehr mich ihr Verhalten überraschte, wo ich doch ganz klar Schuld hatte. Sie weinte und fragte mich, ob bei mir alles okay war, und sagte mir dann, dass auch bei ihr alles in Ordnung schien. Ich weiß noch, dass ich sehr erleichtert war und mich schämte. Ich schämte mich fürchterlich für meinen Fehler und für den Ärger, den ich dieser Frau bereitet hatte.

Als ich dann sah, wie groß der Schaden an ihrem und am Wagen meines Dads war, wurde mir schlecht und ich bekam große Angst. Ich wusste, dass ich meinen Vater anrufen und ihm alles beichten musste. Ich hatte keine Ahnung, wie er wohl reagieren würde, und meine Fantasie fachte meine Angst und Sorge noch zusätzlich an. Beim Denken daran, was wohl geschehen könnte, fühlte ich mich körperlich elend.

Ich brauchte eine Weile, aber spät am Abend fand ich dann den Mut, meinen Dad anzurufen. Er hörte mir geduldig zu, als ich ihm alles beichtete und ihm erklärte, dass alles meine Schuld war. Ich beschrieb ihm den Schaden, der an seinem schönen Eldorado entstanden war.

Ich werde nie seine Besorgnis und auch die Ruhe in seiner Stimme vergessen, als er schließlich das Wort ergriff. Er sagte: „Brian, du bist okay und die andere Fahrerin ist okay. Nur darauf kommt es an. Das Auto ist nur ein Stück Blech, das sich reparieren lässt.“ Und er fuhr fort: „Das nennt man einen Unfall, und nichts weiter war es. Du hast den Wagen nicht mit Absicht beschädigt, also lass dich davon nicht eine Sekunde länger stören.“

Ich weiß noch, wie ich losheulte, nachdem ich aufgelegt hatte. Ich weinte sowohl vor Erleichterung als auch wegen der Liebe und Fürsorglichkeit, die mir mein Dad entgegenbrachte.

Er ließ den Wagen reparieren und das Leben ging weiter. Als er das nächste Mal wieder außerhalb der Stadt unterwegs war, überließ er mir wieder den Wagen ohne zu zögern und ohne irgendwelche warnenden Worte. Er kannte mich als sicheren Fahrer und wusste, dass ich eben einen Fehler begangen hatte. Er wusste auch, dass ich mir den Unfall sehr zu Herzen nahm, und wollte meinen Kummer nicht noch vermehren. Stattdessen wollte er, dass ich mich von dieser Last befreie.

Mein Vater liebte diesen Wagen, aber er ließ sich nicht davon beherrschen.

In seinen letzten Lebenswochen unterhielten wir uns im Krankenhaus über diesen Vorfall und ich erzählte ihm, wie sehr mich seine Liebe und Fürsorglichkeit beeindruckt hatten und wie sehr mir dies zeigte, was für ein außergewöhnlicher Mensch er war. Dann amüsierten wir beide uns darüber, was 29 Jahre nach diesem Unfall geschah.

In Palm Beach, Florida, sprach ich vor einer großen Gruppe von Menschen, mit denen ich zusammenarbeitete. Auf der Bühne erzählte ich an jenem Tag die Geschichte vom Unfall mit dem Wagen meines Dads. Jeder im Saal sollte begreifen, was für ein großartiger Mensch mein Vater war, und auch, wie sehr er seine Lehren verinnerlicht hatte. Er lebte sie.

Es machte mir Spaß, dieses Geschehnis auf der Bühne noch einmal zu erleben, und ich genoss es so wie alle anderen in der Gruppe.

Ironischerweise rief mich in jener Nacht mein Sohn an, um mir mitzuteilen, dass er einen Unfall mit meinem Auto hatte. Es waren keine anderen Fahrzeuge beteiligt. Er war im Regen zu schnell unterwegs gewesen und von der Straße gegen einen Telefonmast gerutscht.

Ich spürte die Beklemmung in seiner Stimme. Und ich antwortete ihm Wort für Wort genau so, wie mein Vater 29 Jahre zuvor mit mir gesprochen hatte, mit sanfter und friedlicher Stimme. Zum Glück war Danny unverletzt geblieben, und das war das Einzige, was zählte – und nicht das „Stück Blech“.

Vor Jahren coachte mein Vater einen Kunden in einer privaten Sitzung und vermittelte ihm das Konzept „Reagieren oder überlegt Handeln“. Da kam ihm die Inspiration, eine Münze zu gestalten, die man immer bei sich tragen konnte. Sie sollte durch einfaches Berühren im Gehirn der Menschen eine Erinnerung auslösen.

Gina ließ die Münzen herstellen und wir verteilten sie bei unseren Events. Vor mir auf dem Schreibtisch liegt gerade eine davon. Oft erzählen mir Kunden im Gespräch, dass sie die Münze noch haben und dass sie ihnen schon oft geholfen hat.

Reagieren

Die REAGIEREN-Seite der Münze hat ein Relief, das man bei Berührung fühlen kann, und das uns an die raue Seite des Lebens erinnern soll – und dass Reagieren bedeutet, dass man sich selbst nicht im Griff hat.

Überlegt handeln

Die andere Seite der Münze ist glatt und erinnert uns daran, dass wir ÜBERLEGT HANDELN müssen, wenn unser Leben sanft und angenehm verlaufen soll. Indem man die Münze berührt, entsteht genau der Moment, den man braucht, um die Kontrolle zu übernehmen. Dazu braucht man sie nicht mal anzusehen.

Wenn wir uns bewusst sind, was es heißt, zu reagieren beziehungsweise überlegt zu handeln, dann bekommen wir es mit, wenn in uns der Drang aufsteigt, uns zurückzuziehen, zu fliehen oder aggressiv zu werden – und wir können uns stattdessen entscheiden, erstmal innerlich zu pausieren. So lernen wir, diesen Drang vorbeigehen zu lassen.

Diese Pause schenkt uns den Freiraum, um uns zu sammeln, durchzuatmen und zu entscheiden, wie wir uns verhalten wollen.

Mit der Zeit fällt dir dies dann immer leichter und du bemerkst, dass es für dich ganz natürlich geworden ist, überlegt zu handeln und nicht länger bloß zu reagieren.

ÜBERLEG MAL ...

Reagierst du oder handelst du überlegt?
Hast du dein Verhalten unter Kontrolle?

Beim unbedachten Reagieren denken wir nicht. Es ist eine gesunde Gewohnheit, innezuhalten und sich zu fragen: „Ist das, was ich sagen oder tun will, wichtig, freundlich und notwendig?“ Viele Dinge im Leben erledigen sich ganz von selbst, wenn wir innerlich still bis zehn zählen, bevor wir sprechen oder handeln.

Bob Proctor beherrschte die Fähigkeit, innezuhalten, seine Einstellung zu überprüfen und dann eine Entscheidung zu treffen, gemäß dem Bild, das er von sich selbst hatte.

Geduld hat nichts mit Untätigkeit zu tun.

NOTIZEN :

KAPITEL 10

SELBSTLIEBE

Atmen

„Innere Ruhe ist eines der wunderbaren Juwelen der Weisheit.“
– James Allen

Mein Dad legte mir gern Bücher hin, die ich kennenlernen sollte. Häufig fand ich ein neues auf meinem Nachttisch. Eines dieser Bücher war Wie wir denken, so leben wir von James Allen. Es kam 1903 heraus und Allen beschrieb es so: „Es handelt von der Macht der Gedanken und insbesondere, wie man sie einsetzt, um glückliche und schöne Lösungen zu finden. Dieses Buch hilft Ihnen, sich selbst zu helfen.“

Die Kernidee dieses Buchs besteht darin, dass wir zu dem werden, woran wir am meisten denken. Es zeigt uns auf, wie sich unsere Gedanken auf die Architektur unseres Lebens auswirken.

Dad bekam dieses Buch 1972 geschenkt und von da an behielt er es stets an seiner Seite. Insbesondere das letzte Kapitel hatte es ihm angetan: Gelassenheit. Wenn er auf der Bühne stand, zitierte er oft aus diesem letzten Kapitel: „Innere Ruhe ist eines der wunderbaren Juwelen der Weisheit." Ja, wir alle sollten nach innerer Ruhe streben.

Im Lauf der Jahre gab mein Dad unzähligen Menschen eine auf dem Kapitel Gelassenheit basierende Übung. Die Übung sollte ihnen dabei helfen, sich ein Paradigma der Ruhe und Selbstkontrolle zu erschaffen und zu erkennen, welche Macht darin liegt, unsere Gedanken zu lenken.

1995 nahm ich an einem Selbsterfahrungsseminar teil. Die Woche verlief sehr körperbetont. Sie enthielt Übungen, die darauf abzielten, unsere Glaubenssätze zu hinterfragen und uns aus unserer Komfortzone herauszuholen.

Bei einer der Übungen sollte ich einen Holzmast hinaufklettern. Dabei ging es darum, sich nicht länger selbst im Weg zu stehen sowie im Hier und Jetzt zu sein.

Ich trug einen Klettergurt mit Sicherheitsseil, also dachte ich mir, dass mir schon nichts passieren wird. Allerdings war ich mit meinen Gedanken ganz woanders.

Der Mast, auf den ich klettern sollte, war instabil und schwankte. Aber ich war schon immer ein kleiner Draufgänger und so freute sich ein Teil von mir über diese Herausforderung. Das Besondere daran war, dass der Mast oben am Rand eines Hügels mit Blick auf ein Tal stand. Dadurch sah es so aus, als wäre ich viel weiter oben, und so fühlte es sich auch an. Weil der Mast so schwankte, musste ich mich beim Hochklettern immer stärker konzentrieren, aber je höher ich kam, umso mehr wuchs auch meine Angst. Mir wurde schnell klar, dass ich meine Gedanken nicht im Griff hatte.

Als ich der Spitze näherkam, sah ich, dass die quadratische Plattform oben sich über mir drehte. Sie befand sich mehr als einen halben Meter über der letzten Trittstufe. Dieser Höhenunterschied machte es schwierig, von der letzten Stufe auf die Plattform zu gelangen und dort oben aufrecht zu stehen, aber das war das Ziel.

Ich hielt mich mit einer Hand an der Plattform fest und wollte mich hochziehen. Das war aber schwierig, weil sie sich drehte und bewegte. Ich versuchte, erstmal mit einem Fuß hochzukommen und etwas Stabilität zu erlangen. Mit intensiver Anstrengung und großer Angst schaffte ich es schließlich bis nach oben, aber als ich mich hinstellte, schwankte und drehte sich mein ganzer Körper. Ich fuchtelte wild mit meinen Armen, um das Gleichgewicht zu halten, aber dadurch schwankte der Mast noch mehr. Ich hatte keinerlei Kontrolle mehr und ich wusste, dass ich gleich herunterfallen werde … doch da geschah etwas, das sofort alles veränderte. Einer der Zuschauer rief laut von unten herauf:

„Luftholen!“

Ich hatte gar nicht gemerkt, dass ich nicht mehr atmete; in meinem Kopf ging alles drunter und drüber. Aber als ich diese Aufforderung hörte und einmal tief durchatmete, blieb mein Fokus auf meinem Atem und sofort hörte das Drehen und Schwanken auf – ich hatte die Balance gefunden. In diesem Moment wurde mein Geist klar und ruhig. Ich bekam meine Gedanken in den Griff und damit auch meine Umgebung und meinen Körper, und ich war in der Lage, die Aufgabe zu bewältigen, solange ich nur mich ausschließlich auf meinen Atem konzentrierte.

Die Erinnerungen an diese Erfahrung sind noch sehr lebendig. Sie kommen meist in mir hoch, wenn ich mich einer Herausforderung stellen muss und keinen klaren Gedanken fassen kann. Als Erstes bemerke ich immer, dass ich die Luft anhalte. Dann schließe ich die Augen und richte meinen gesamten Fokus auf meinen Atem. Das mache ich, bis mich ein Gefühl der Ruhe durchströmt und ich meine Gedanken wieder in den Griff bekomme.

Die eingangs erwähnte Übung meines Vaters für seine Klienten, Freunde und Verwandten bestand darin, sich zu verpflichten, dreißig Tage lang das Kapitel Gelassenheit aus dem Buch Wie wir denken, so leben wir von James Allen abzuschreiben. Anschließend sollten sie es laut vorlesen und sich dabei vor einen Spiegel stellen. Falls jemand meinte, dafür keine Zeit zu haben, empfahl mein Vater, sich jeden Morgen den Wecker 15 Minuten früher zu stellen und die Übung wirklich ernst zu nehmen. Dad hielt nichts von irgendwelchen Ausreden.

Diese Übung ist ein kostenloser und risikofreier Weg, um dein Verständnis von Disziplin, Denken, Selbstkontrolle und Gelassenheit zu entwickeln. Sie kann zu tiefgreifenden Veränderungen führen. Das habe ich an mir selbst erlebt.

Ein Beispiel hierfür ist ein Klient, den ich in Los Angeles kennenlernte. Er hatte großen Erfolg in einer Sportart, die man mit der Arbeit eines Stuntmans vergleichen kann – äußerst körperbetont. Bei seinem ersten Seminarbesuch stand er total unter Strom und man konnte sehen, dass seine Gedanken verrücktspielten. Alle fühlten sich in seiner Gegenwart unwohl. Er hielt es kaum länger als zehn Minuten auf seinem Stuhl aus und an seinem Verhalten und seinen Äußerungen zeigte sich, wie chaotisch es in seinem Geist zuging.

Er besaß so wenig Selbstkontrolle, dass er einmal sogar auf die Bühne sprang. Sein Verhalten machte natürlich jeden von uns nervös – bis auf meinen Vater. Nachdem der Seminartag zu Ende war, setzte sich mein Vater mit ihm zusammen und zeigte ihm auf, wie er sich selbst besser in den Griff bekommen konnte. Er gab ihm das Buch von James Allen, das er immer dabeihatte, und trug ihm auf, das Kapitel über die Gelassenheit jeden Tag für neunzig und nicht nur für dreißig Tage abzuschreiben und gleich am nächsten Tag damit zu beginnen. Dann gab mein Dad ihm noch seine Handynummer mit der Aufforderung, ihm am Ende jeder Woche eine SMS zu schicken. So nahm mein Dad ihn in die Pflicht.

Ein paar Monate später traf ich diesen Kunden auf einem anderen Seminar wieder. Er war immer noch ein Energiebündel, aber er besaß mehr Selbstkontrolle und man konnte sich leichter mit ihm unterhalten. Er hatte ein warmes Lächeln und schien innerlich gelassener zu sein.

Er holte sein Notizbuch heraus, um mir zu zeigen, dass er seine Aufgaben gemacht hatte. Es war mit dem Kapitel über die Gelassenheit vollgeschrieben und er wollte die Übung mit einem neuen Buch weiterführen.

Dies ist ein großartiges Beispiel, wie man mit einer einfachen Übung seinen Geist in den Griff bekommen und beruhigen kann. Dieser erste Schritt gab ihm eine Richtung vor und zeigte ihm auf, dass er die Macht hat, sich selbst zu helfen und seine Denkweise für immer zu ändern.

Schon ein paar Mal in meinem Leben habe ich mich selbst zu dieser Übung verpflichtet und jetzt, wo ich diese Zeilen schreibe, möchte ich es erneut tun. Das Gefühl der Gelassenheit lässt sich mit nichts anderem vergleichen. Man fühlt sich stark, weil man die Kontrolle über sein Denken und Handeln hat, anstatt unüberlegt zu reagieren und sich von den äußeren Umständen hin- und herstoßen zu lassen. Diese Übung und letztlich das Leben mit innerer Ruhe schaffen Ordnung im Chaos und machen den Weg frei, damit wir das werden können, woran wir denken wollen.

Ich habe dieses Kapitel hier für dich eingefügt. Denke beim Lesen bitte daran, vor wie vielen Jahren das Buch geschrieben wurde. Lasse dich daher durch die geschlechtsspezifische Sprache nicht von der Kraft und Absicht der Worte ablenken.

Klarheit und Gelassenheit aus *Wie wir denken, so leben wir*

Innere Ruhe ist eines der wunderbaren Juwelen der Weisheit. Sie ist das Ergebnis langer, geduldiger Übung in Selbstbeherrschung. Ihr Vorhandensein zeugt von einer gereiften Erfahrung sowie von überdurchschnittlichem Wissen um und Verständnis für die Gesetzmäßigkeiten und die Funktionsweise des Denkens.

Ein Mensch wird in dem Maße ruhig, wie er sich selbst als ein Wesen begreift, das aus dem Denken entsteht. Denn dieses Wissen erfordert das Verständnis dafür, dass auch andere Menschen Resultate von Gedanken sind. Und während er das richtige Verständnis entwickelt, und ihm die inneren Beziehungen zwischen den Dingen mehr und mehr klar werden, die auf dem Prinzip Ursache und Wirkung beruhen, wird er sich immer weniger aufregen und toben, sich sorgen und grämen. Stattdessen bewahrt er Fassung, und bleibt unerschütterlich und gelassen.

Ein gelassener Mensch, der gelernt hat, sich selbst zu beherrschen, weiß, wie er mit anderen gut auskommt. Die wiederum schätzen seine spirituelle Kraft und entwickeln das Gefühl, von ihm lernen und sich auf ihn verlassen zu können. Ein gelassener Mensch, der gelernt hat, sich selbst zu beherrschen, weiß, wie er mit anderen gut auskommt. Selbst wenn er ein kleiner Händler ist, wird er feststellen, dass seine Geschäfte immer besser laufen, während er größere Selbstbeherrschung und zunehmende Gelassenheit entwickelt, weil Menschen es vorziehen, mit jemandem Geschäfte zu machen, der Ruhe und Gelassenheit ausstrahlt.

Ein selbstsicherer und gelassener Mensch wird immer geschätzt und geachtet. Er ist wie ein Schatten spendender Baum in einem dürren Land oder ein Schutz bietender Fels im Sturm. Wer wünschte sich nicht ein ruhiges Herz und ein wohlgesinntes, ausgeglichenes Leben? Für Menschen, die diese segensreichen Eigenschaften besitzen, spielt es keine Rolle, ob es regnet oder ob die Sonne scheint, oder welche Veränderungen auf sie zukommen, da sie immer guter Dinge, ruhig und entspannt sind.

Diese vorzügliche Charaktereigenschaft, die wir Gelassenheit nennen, ist die Krönung der persönlichen Kultur, die Frucht der Seele. Sie ist so wertvoll wie Weisheit und erstrebenswerter als feinstes Gold. Wie unbedeutend wirkt die Jagd nach Geld im Vergleich zu einem gelassenen Leben – einem Leben, das im Meer der Wahrheit wohnt, unter den Wellen, unbehelligt von Wind und Wetter, in ewiger Ruhe!

Wie viele Menschen kennen wir, die sich selbst das Leben vergällen, die alles Schöne und Erfreuliche durch ihr aufbrausendes Temperament verderben, die das Gleichgewicht ihres Charakters zerstören und für böses Blut sorgen! Da stellt sich die Frage, ob die meisten Menschen nicht aus purem Mangel an Selbstkontrolle ihr eigenes Leben ruinieren und ihrem Glück selbst im Wege stehen. Wie wenige Menschen lernen wir doch im Leben kennen, die ausgeglichen sind und die noble, aufrechte Haltung an den Tag legen, die einen vollendeten Charakter beweist!

Ja, die Menschheit lässt sich von unkontrollierten Leidenschaften in Aufregung versetzen, von unbeherrschtem Kummer verwirren und von Angst und Zweifel irremachen. Nur ein weiser Mensch, nur einer, dessen Denken beherrscht und geläutert ist, bringt die Winde und die Stürme der Seele dazu, ihm zu gehorchen.

Ihr von Stürmen aufgewühlten Seelen, wo immer Ihr seid, unter welchen Umständen auch immer Ihr lebt, lasst Euch dies gesagt sein: Im Ozean des Lebens lächeln Inseln der Glückseligkeit und die sonnigen Gestade Eurer Ideale erwarten Euer Kommen. Haltet die Hände fest auf dem Steuerrad Eures Denkens. Im Boot Eurer Seele ruht der Meister, der das Kommando hat. Er schläft nur, weckt ihn auf! Selbstkontrolle ist Stärke; rechtes Denken ist Meisterschaft; Gelassenheit ist Macht. Sagt Eurem Herzen: „Friede, sei still!"

ÜBERLEG MAL ...

Wirst du dich zu der in diesem Kapitel angeregten Schreibübung verpflichten?

Aus einem ruhigen Geist entsteht der von Hektik befreite Mentalzustand des Friedens, der dir hilft, dich zu konzentrieren. Gelassenheit wirkt sich auch auf deine Kreativität aus und ermöglicht es dir, die Geschehnisse um dich herum von einem friedvollen Standpunkt aus zu betrachten. Sie schenkt dir die Kontrolle über dein Denken und Handeln und schafft Raum für das Gute, das du dir wünschst.

Wenn du jedoch nicht gelassen bist, wird deine Energie hektisch, was alles, was du erreichen versuchst, schwerer und chaotischer macht. Mit dieser Art zu leben kannst du unmöglich Gutes in dein Leben ziehen.

Vergiss nicht zu atmen!

Der Atem bildet die Brücke zwischen Bewusstsein und Unterbewusstsein. Nutze deinen Atem, um Geist und Körper miteinander zu verbinden und deine Gedanken wieder in den Griff zu bekommen, wenn sie zu weit abschweifen.

NOTIZEN :

Gesunder Geist – gesunder Körper

„Wenn wir eine Idee wiederholt dem Unterbewusstsein eingeben, muss sie sich durch den Körper ausdrücken. Der Körper ist ein Instrument des Geistes."
– Bob Proctor

Unser Körper ist unser Vehikel hier auf der Erde. Und da unser Körper ein Instrument unseres Geistes ist und alles, was wir erleben, entsprechend unserer Bewusstseinsstufe geschieht, sollten wir nicht nur unseren Bewusstseinslevel erhöhen, sondern auch alles uns Mögliche tun, um unseren Körper gesund und stark zu erhalten, damit wir das, was unser Geist sich vorgestellt hat, leicht umsetzen können. Auf diese Weise führen wir unser bestmögliches Leben und können alle Facetten unserer Lebensreise gestalten und genießen.

Und seien wir doch mal ehrlich: Unser Denken verbessert sich, wenn wir stark, gesund und im Einklang mit uns selbst sind. Die Verbindung zwischen Selbstbild und Erfolg lässt sich nicht trennen. Wenn wir uns gut fühlen, denken wir gut – und wenn wir gut denken, handeln wir gut. Das schafft Selbstvertrauen und die Menschen fühlen sich wegen unserer positiven Energie zu uns hingezogen.

Bei unseren Paradigmenwechsel-Events in Los Angeles wies mein Dad detailliert nach, wie unsere Paradigmen alles in unserem Leben lenken – selbst unser Gewicht. Dann gab er den Teilnehmern eine Schreibübung für eine gesunde Verbindung zwischen Körper und Geist. Eine seiner Aussagen hat mich besonders beeindruckt: „Es geht nicht darum, Gewicht zu verlieren, sondern es loszulassen" Damit meinte er, dass wir ganz automatisch nach etwas suchen, das wir verloren haben. Wenn wir etwas allerdings loslassen, trennen wir uns völlig davon.

Diese Übung geht so:

1. *Beschreibe dein ideales Selbstbild auf einer Karteikarte – wie viel du wiegen, wie du aussehen und wie du dich fühlen willst. Wie fühlt es sich für dich an, gesund, stark und fit zu sein? Welche Art von Kleidung trägst du? Welche Aktivitäten machen dir Freude?*

2. *Beschreibe alles mit positiven Worten, die dich und deinen langfristigen Erfolg unterstützen. Verpflichte dich zu diesem inneren Dialog und stoppe alle negativen Selbstgespräche sofort im Ansatz.*

3. *Lies die Karte mehrmals am Tag und sieh dich in deiner Vorstellung bereits so, als ob du alles verwirklicht hast, was darauf steht.*

4. *Verknüpfe deine Ideen mit starken Gefühlen. Stelle dir vor, wie du lächelnd das Leben genießt, und verstärke dein geistiges Vorstellungsbild mit tiefen Emotionen.*

5. *Wenn du das tust, kreierst du in deinem Geist ein neues Modell von dir selbst, das schon bald das alte ersetzt. Sobald wir mit unserem neuen geistigen Selbstbild verschmelzen, muss es sich durch unseren Körper ausdrücken, und wir entscheiden uns wie auf Autopilot für ein Verhalten, dass diesem neuen Bild entspricht.*

Diese Transformation geschieht entsprechend den universellen Gesetzmäßigkeiten.

Bereits mehrmals im Leben habe ich diese Übung genauso durchgeführt wie eben beschrieben. Wenn ich sie durchführe, erkenne ich auch gleichzeitig an, wo ich mich gerade befinde. Ich schreibe, wie dankbar ich für mein gegenwärtiges Selbstbild bin und für alles, was ich dank meines Körpers tun kann.

Allerdings ging es mir da manchmal so wie den meisten und ich schenkte diesem Teil meines Lebens nicht die nötige Aufmerksamkeit. Dadurch begannen sich auch andere Bereiche meines Lebens zu verschlechtern.

Wenn ich mal einen Neustart brauche, kehre ich immer zu den Grundlagen zurück. Ich halte die Dinge in meinem Leben gern einfach. Mein Dad meinte, dass es oft ein Ablenkungsmanöver ist, wenn wir die Dinge zu kompliziert machen. Dann brauchen wir uns nicht auf die notwendigen Veränderungen zu konzentrieren und hindern uns so selbst daran, die Verantwortung für unsere Resultate zu übernehmen.

Wenn ich also mit einem Bereich meines Lebens nicht zufrieden bin, beginne ich mit meinem Körper. Mit den Jahren habe ich gelernt, dass sich die anderen Aspekte meines Lebens neu ordnen, wenn ich mich in und mit meinem Körper wohl fühle.

Zum Beispiel habe ich meist mehr Energie und bin produktiver, wenn ich mich besser fühle, und das wiederum stützt mein gesundes Selbstimage.

Als mein Vater die Siebzig überschritten hatte, heuerte er einen persönlichen Fitnesstrainer an. Er wusste, wie wichtig ein gesunder Körper auch in diesem Alter war. Damit wollte er seine Ausdauer so hoch halten, dass er seine Lehre bis zum letzten Atemzug von der Bühne verbreiten konnte.

Zu den vielen Aspekten, die ich an meinem Dad liebte, gehörte seine Leidenschaft. Schon bald war er voller Leidenschaft für seinen persönlichen Trainer und dessen Übungen, sodass schon bald die ganze Familie sich von diesem Trainer betreuen ließ.

Ich musste vier Mal die Woche eine ziemliche Strecke mit dem Auto zurücklegen, um an den Workouts teilzunehmen. Und sie waren intensiv. Allerdings bemerkte ich nach einiger Zeit, dass es bei diesem Training mehr um Muskelaufbau ging – das war eigentlich nicht mein Ziel. Ich fühlte mich zwar gut, aber das passte nicht zu dem Selbstbild, das ich erreichen wollte. Und so ging ich nicht mehr zu den Workouts und konzentrierte mich mehr auf Dinge, die besser zu meinen Zielen und meiner Vision passten.

Meinem Dad gefiel, dass der Ansatz des Trainers genau dem entsprach, was er selbst in Bezug auf Paradigmenwechsel lehrte. Der Trainer erweiterte unser Bewusstsein durch Informationen, Aktivität, Wiederholung und letztendlich Resultate.

Zu jedem Ziel, das ich mir setze, gehört eine Verlängerung meiner Lebenszeit und eine Steigerung meiner Lebensqualität. Mich auf eine gesunde Art und Weise zu bewegen, die mir auch noch Spaß macht, nährt meine Seele; alles, was ich tue, fällt mir dadurch leichter.

Selbst wenn wir keine sonderliche Lust dazu haben, verlassen Cory und ich das Haus für einen zügigen Spaziergang. „Das ist niemals verkehrt“, meint sie immer zu mir. Ich habe Cory gebeten, dir hier zu erzählen, was sie von meinem Dad darüber gelernt hat, wie wir uns auf eine Weise um unseren Körper kümmern können, die unser Bewusstsein erweitert.

Von Cory Kelly Proctor:

Als 2012 meine Zusammenarbeit mit Bob begann, widmete ich mich den sozialen Netzwerken. Ich wollte Bobs Stimme und Botschaft in allen sozialen Netzwerken verbreiten. Es war eine steile Lernkurve für mich und mir gefiel sehr, wieviel Freude Bob daran hatte. Als ich anfing, hatte er bei Facebook etwas über 40 000 Follower. Bei Twitter waren es knapp über 16 000 und er hatte noch keine Konten bei Instagram, LinkedIn und YouTube. 2016 waren es bei Facebook bereits über eine Million Follower und auch auf allen anderen von mir verwalteten Plattformen gab es ähnliche Zuwächse. Bob war davon sehr begeistert.

Wir telefonierten täglich miteinander, um die Inhalte für seine Netzwerke zu besprechen. Ich las ihm die Fragen vor und er nannte mir seine Antworten. Täglich sprachen wir auch über den Zuwachs an Followern – er liebte die großen Zahlen. Durch diese Zusammenarbeit lernte ich Bobs gutes Herz und sein wahres Wesen kennen, was mir große Freude bereitete. An manchen Tagen kam ich allerdings nicht weiter und es schien, als wäre ich mit dem Marketing unserer Werbeanzeigen gegen eine Wand gerannt. Worum es auch ging, Bob gab mir stets denselben Rat: „Cory, mach' deinen Computer aus, geh' nach draußen und mach' einen Spaziergang. Verschaff' dir Bewegung und kläre deinen Geist. Nimm kein Headset mit und auch nicht dein Handy. Achte einfach nur auf die Geräusche und Gerüche und alles, was du siehst. Das verändert deine Energie und öffnet dich für Ideen und Gedanken, die dir nie gekommen wären, wenn du bloß auf deinen Bildschirm starrst."

Ich kann gar nicht sagen, wie richtig er damit lag. Noch heute befolge ich seinen Ratschlag bei jeder Herausforderung, vor der ich stehe. Nach draußen zu gehen und meine Energie durchzuschütteln, ist nie verkehrt – es ist eine Win-win-Situation für Körper und Geist.

Mein Vater wusste, wie wichtig meine Gesundheit und Fitness für mein Selbstimage sind. Er erkannte, wie sehr meine Produktivität im Leben davon abhängt, wie ich mich körperlich fühle, und wenn ich Schwierigkeiten hatte, erinnerte er mich daran, auf meinen Körper zu achten.

In meinen jungen Jahren sah ich mich als Sportler, ich liebte die körperliche Herausforderung. Nur zu gern erzählte mein Dad die Geschichte, wie er mich einmal bei einem Wettlauf geschlagen hat, und ich hörte sie ebenso gern, weil er dabei immer sein ansteckendes Lachen erschallen ließ.

Wir waren damals im Urlaub in Florida und mein Dad unternahm mit mir einen Morgenspaziergang. Damals war ich so um die 14 Jahre alt. Ich weiß nicht, was in mich fuhr, aber ich forderte meinen Dad zu einem Wettrennen heraus. Ich war von mir ein wenig eingenommen und meinte, ihn locker schlagen zu können.

Die Regeln waren ganz einfach. Das Rennen sollte an einer Linie auf dem Fußweg beginnen und bis zu zwei Telefonmasten gehen. Ich trug Laufschuhe und Shorts, und Dad hatte Slipper und eine Freizeithose an. „Na, das wird ja leicht“, dachte ich mir.

Zu Beginn lag ich gleich vorn und er trottete spielerisch hinter mir her. Doch plötzlich lachte er auf und wie aus dem Nichts preschte er an mir vorbei; er überholte mich mit einer Geschwindigkeit, die ich ehrlich kaum glauben konnte.

Er schlug mich ohne jeden Zweifel und seitdem haben wir immer wieder darüber gelacht. Es war für uns beide eine so schöne Erinnerung, dass wir für den Rest seines Lebens immer wieder darüber scherzten.

Das Haus meiner Kindheit in der Maplewood Lane in Glenview, Illinois

ÜBERLEG MAL ...

Wirst du dich zu der in diesem Kapitel angeregten Übung verpflichten?

Bewegung, Gesundheit, Stärke und Fitness bedeuten für jeden von uns etwas anderes. Wichtig dabei ist nur, dass du herausfindest, was für dich richtig ist.

Am Anfang dieses Kapitels sagte ich ja, dass dein Körper dein Vehikel für dieses Leben darstellt. Nur du kannst damit Erfahrungen machen. Du solltest die Gedanken und Bilder, die in dein Unterbewusstsein gelangen, sorgfältig auswählen und darauf achten, dass sie mit deinen Zielen übereinstimmen.

Und dann solltest du deinen Tag und deine Aktivitäten so gestalten, dass die oberste Priorität bei dir selbst und diesem entscheidenden Aspekt deines Lebens liegt.

Zu einer gesunden Entwicklung gehört, dass wir uns um alles kümmern, das uns ausmacht – Geist, Körper und Seele.

Lass dich durch nichts und niemand von deinem Fitnessprogramm abbringen - am besten widmest du dich ihm täglich.

Wenn du dir vornimmst, an drei oder vier Tagen in der Woche etwas für deinen Körper zu tun, kommst du in einen Entscheidungsprozess, der deine Erfolgschancen reduziert. Entscheide dich lieber ein für alle Mal:

Ich werde ***jeden*** *Tag* ______________________________

(trage hier deine Entscheidung ein.)

NOTIZEN :

Mein eigener Weg, eine Inspiration zu sein

„Folge deinen Gefühlen und lasse deinen Intellekt aus dem Spiel."
– Bob Proctor

Mein Dad wollte, dass ich wieder in sein Geschäft einsteige, aber lange Zeit war ich nicht bereit dafür. Nachdem ich in meiner Immobilienkarriere erfolgreich geworden war und wusste, dass ich es in einer anderen Industrie geschafft hatte, war ich eines Tages endlich soweit. Das war 1999 und ich brauchte eine Veränderung.

Zu Beginn der erneuten Zusammenarbeit mit meinem Vater widmete ich mich dem Verkauf, aber das machte mir keine Freude. Mir war klar, dass ich einen anderen Weg finden musste, um meinen Beitrag zu leisten und gleichzeitig mir selbst treu zu bleiben.

Als Kind stöberte ich oft in den inspirierenden Büchern und Zeitschriften, die mein Dad las. Oft ließ er sie für mich und meine Geschwister liegen und ich fühlte mich davon ganz natürlich angezogen. Besonders gern erinnere ich mich an die kleinformatige Zeitschrift Bits and Pieces. Sie war voller inspirierender Zitate und Kurzgeschichten und nach der Lektüre fühlte ich mich immer besser; sie regte mich auch zum Nachdenken an.

Gegen Ende des Jahres 2000 besuchte ich einen von Dads Geschäftspartnern in Arizona. An einem Abend unterhielten wir uns darüber, was ich neben dem Verkauf für das Unternehmen meines Dads tun konnte, das etwas bewegt und gut zu mir passt. Ich weiß noch genau, wo ich an jenem Abend in seinem Haus saß, als ich ihm von der kleinen Zeitschrift erzählte, die mich als Kind so beeindruckt hatte. Er meinte zu mir: „Brian, wenn du davon erzählst, kommt eine echte Begeisterung in dir hoch; da könnte etwas daraus werden."

Wir beide ließen unseren Gedanken freien Lauf und da kam mir die Idee für einen Service, der unseren Kunden einen Mehrwert bietet und unsere E-Mail-Liste erweitert.

Ich stellte mir vor, dass es eine ausgezeichnete Möglichkeit wäre, mit unseren Kunden in Kontakt zu bleiben und unsere Mailing-Liste zu erweitern, wenn wir ihnen von Montag bis Donnerstag täglich eine E-Mail mit einem inspirierenden Zitat schicken und am Freitag zum Wochenschluss eine aufbauende Geschichte. Auf diese Weise konnte ich auch die vielen, vielen Menschen präsentieren, denen ich im Laufe der Jahre begegnet war und die wirklich gute Geschichten zu erzählen hatten. Das war lange, bevor es im Internet von „Zitaten des Tages" nur so wimmelte.

Dieser Service hat unser Unternehmen für immer verändert. Zu Beginn hatte ich absolut keine Ahnung, wie er sich auswirken und welchen Unterschied er für meinen Vater bedeuten würde.

Hätte ich schon vorher gewusst, was alles nötig war, um diesen Service aufzubauen, dann hätte ich es bleiben lassen. Manchmal ist ein wenig Naivität in Bezug auf die Erfordernisse gar nicht schlecht, und sie spielt eigentlich auch gar keine Rolle, wenn man sich völlig dem Ergebnis – dem Ziel – verschrieben hat.

Als ich mich auf diesen Weg einließ, besaß ich keinen Computer und hatte auch noch nie einen besessen. Ich hatte nicht mal eine E-Mail-Adresse. Und doch startete ich mit etwas, für das ich beides brauchte. Nachdem ich mich damit ausgestattet hatte, benötigte ich noch eine Software zum Aussenden der E-Mails. Damals gab es hierfür noch keine spezialisierten Web-basierten Programme so wie heute.

Am Anfang verschickte ich die E-Mails direkt von meinem Computer. Schließlich fand ich eine Software, um die E-Mails rasch hintereinander zu versenden. Das klappte, aber die E-Mails wurden direkt von meinem persönlichen Computer über meinen privaten Internet-Provider versandt.

Und schon bald hing ich Tag und Nacht vor meinem Computer, da ich noch alles von Hand erledigen musste. Wenn jemand in die Liste aufgenommen werden wollte, musste er mir eine E-Mail schreiben und ich musste dann jeden Namen einzeln eintragen. Wollte jemand aus der Liste gelöscht werden, so geschah auch dies von Hand.

Gleich vom Start weg stand ich vor ein paar Problemen, die nach einer raschen Lösung verlangten. Das allergrößte war, dass sich diese Vorgehensweise nicht skalieren ließ. Je mehr die Liste anwuchs, umso mehr verschlang sie von meiner Zeit, und am Ende war ich 16 Stunden am Tag nur noch mit der Datenpflege beschäftigt.

Das nächste Problem war, dass mein Internet-Provider die Verbindung kappte, weil man dort dachte, ich würde täglich Spam-Mails verschicken. Ich musste also nachweisen, dass wir die E-Mails nur an Personen schickten, die sie angefordert hatten. Mir war klar, dass hier etwas Gutes am Entstehen war und dass es unseren Kunden einen echten Mehrwert bot. Durch Versuch und Irrtum fand ich immer wieder Wege, um den Service skalierbar und am Laufen zu halten, indem ich die Vorteile der sich schnell entwickelnden Technologie nutzte. Und doch fühlte es sich jeden Tag an, als ob ich nur noch Feuerwehr spielte. Ich kam kaum noch hinterher.

Was ich hier aufbaute, entwickelte sich bald zum Empfehlungsmarketing, noch bevor irgendjemand diesen Begriff kannte. Zuerst bot ich den Empfängern mehrmals im Monat eines der Programme meines Dads an. Dann fand ich andere Werke von Unternehmen, die zu unserer Botschaft passten, die ich promoten und dafür eine Provision einnehmen konnte.

So entstanden Beziehungen, bei denen auch externe Unternehmen für unsere Programme warben, und wir bezahlten sie auf Grundlage ihrer Verkaufszahlen. Darum geht es ja eigentlich beim Affiliate-Marketing: Man verdient durch das Promoten von Produkten eine Provision und baut gleichzeitig Beziehungen auf.

Durch die Reaktionen auf unseren Service verstand ich allmählich, wie viel Power in einer E-Mail-Liste steckt. Vor allem aber hatte ich für unser Unternehmen eine Möglichkeit geschaffen, durch eine wachsende Datenbank mit den an unserer Arbeit interessierten Menschen in Kontakt zu bleiben.

Heute findet man das E-Mail-Marketing überall. Aber für mich war es völliges Neuland und ich fand alles sehr aufregend.

Ich war bereit, meine Idee in die Tat umzusetzen, und so war unser Unternehmen im Gegensatz zu den meisten anderen auf einen Zustrom von Kunden vorbereitet. Wir waren in unserer Industrie der Zeit voraus und das bewirkte einen enormen Unterschied in der Art und Weise, wie wir mit unseren Kunden kommunizieren.

Mein Dad liebte diesen neuen und schnellen Weg, die Menschen in Echtzeit zu erreichen. Das war für uns beide eine starke Inspiration. Wir konnten wirklich genau beziffern, was wir hier in Gang brachten. Wir erreichten die Menschen auf eine neue und aufregende Art und Weise ... Menschen, die hungrig nach dem waren, was Dad lehrte.

Ich war bereit, sofort nach diesem Treffen in Arizona aktiv zu werden, und war fest entschlossen, einen Weg zu finden. Dadurch gelang es mir, etwas von unermesslichem und bleibendem Wert zu schaffen.

Zunächst brachte uns dieser Service noch keine großen Geldsummen ein, aber er generierte bereits ein gewaltiges psychisches Einkommen. Schließlich wurde daraus der Eckpfeiler des Marketings in unserem Unternehmen. Das alles geschah Schritt für Schritt – und oft mit einem Schritt vor und zwei zurück. Das erforderte Beharrungsvermögen, aber ich liebte die Idee, unseren Kunden auf diese Weise zu dienen, und meinem Dad gefiel sie genauso.

Und schon bald erreichten mich E-Mails von Menschen, die mir erzählten, wie ein bestimmtes Zitat ihren Tagesverlauf positiv beeinflusst hat. Andere berichteten, wie eine Geschichte sie der Verzweiflung entrissen und ihnen neue Hoffnung geschenkt hat. Und wieder andere teilten mir mit, dass sie meine Botschaften für ihren Englischunterricht im Ausland nutzten, um ihren Schülern wertvolle Inhalte zu bieten. All diese E-Mails bestätigten mir, dass ich hier einen echten Mehrwert schuf und den Menschen helfen konnte. Das fühlte sich gut an und motivierte mich, meinen Fokus weiter auf die Verbesserung unserer Inhalte zu richten.

Ich fand es aufregend, mit so vielen Menschen gleichzeitig in Kontakt zu sein, die etwas wissen oder mir von ihren Erfahrungen berichten wollten. Mein Dad verglich dies oft mit seinen Anfängen, als er die schweren Programme zur Persönlichkeitsentwicklung von Tür zu Tür schleppte, und er staunte darüber, wie sehr sich die Welt verändert hat.

ÜBERLEG MAL ...

Was bedeutet es für dich, ein Tatmensch zu sein?

Werde sofort aktiv, wenn du eine Idee hast. Selbst wenn dein Tun nicht perfekt ist, wirst du daraus etwas lernen. So war es auch bei mir.

Ich bin hier und jetzt aktiv, und der Prozess hat sich mit jedem Tag weiter entfaltet und verdeutlicht. Ich weiß, dass mein Tun nicht für meine, sondern auch für deine Zukunft einen Unterschied bewirkt.

Was wirst du heute tun, um dich der gewünschten Veränderung oder deinem angestrebten Ziel näher zu bringen?

Jedes Tun zählt, ob „klein" oder „groß".

NOTIZEN :

Lachen

„Liebe und respektiere dich.
Und wenn du dich selbst liebst,
dann liebst du automatisch auch deine Mitmenschen."
– Bob Proctor

Wer Bob Proctor näher kannte, der kannte auch seinen großartigen Humor und seine gesunde Selbstliebe. Wegen dieser Selbstliebe besaß er eine enorme Fähigkeit, auch andere Menschen vollkommen zu lieben.

Mein Dad war tatsächlich einer der leidenschaftlichsten Menschen, denen man je begegnen kann. Es war diese furchtlose Neugier, die ihn so anziehend machte, und sie hielt ihn auch jung, weil er nie aufhörte, zu lernen und Fragen zu stellen. Zu dieser Leidenschaft gehörte auch sein Lachen – ein Lachen, das die Menschen sich umdrehen ließ und ihnen ein Lächeln ins Gesicht zauberte. Dad verstand es, sich zu freuen und diese Freude auch zu zeigen. Jeder wollte gern von seinem Licht beschienen werden, und es schien nie heller, als wenn er lächelte und lachte.

Auf der Bühne sprach er oft davon, dass wir zuerst uns selbst lieben müssen, bevor wir irgendjemand anderen wirklich lieben können.

Und bei diesen Worten gab es Gelächter im Publikum: „Wir sollten uns jeden Morgen beim Aufwachen erst mal selbst küssen!" Dann küsste er mit Hingabe seine eigene Hand und seine Teilnehmer sollten es ihm nachmachen. Diese Übung machte Spaß, aber sie verdeutlichte auch, dass wir zuerst uns selbst lieben müssen. Die Selbstliebe bildet die Basis, auf der unsere Beziehungen wachsen und gedeihen können, und sie ist auch der Schlüssel für unseren persönlichen Erfolg. Man konnte leicht erkennen, dass die Menschen im Publikum nur zögerlich der Idee nachkamen, ihre eigene Hand zu küssen, und man hörte an ihrem Lachen, wie unwohl sie sich dabei fühlten.

Mein Dad sagte immer: „Ein Mangel an Selbstliebe ist leicht zu erkennen; man braucht nur das Verhalten einer Person zu beobachten."

Sein Weg der Selbstliebe entwickelte sich mit seinem wachsenden Wissen über sich selbst als spirituelles Wesen. In dem Maß, in dem seine Selbstbewusstheit wuchs, veränderte sich auf tiefgehende Weise auch sein Blick auf sich selbst und seine Fähigkeiten.

Täglich studierte er das menschliche Potential; er ging achtsam mit sich selbst um und erkannte immer deutlicher, was alles in ihm steckte. Er erzählte oft, dass ihm eines Tages klar wurde, dass er der Welt viel zu geben hatte und dass er genauso liebenswert, kostbar und kompetent war wie alle anderen. Von da an begann er, seinen Platz in der Welt anders zu betrachten.

Dad wusste, dass das Selbstbild die Grundlage bildet, auf der alles wächst, sowohl persönlich als auch beruflich, und dass Selbsterkenntnis und emotionale Intelligenz unser Selbstimage weiter stärken. Ich hatte einen großen Respekt davor, wie mein Vater immer an seinem eigenen Selbstbild arbeitete, und genauso hielt er andere Menschen dazu an, das ihre zu verbessern.

Es war eine Inspiration für mich, ihn zu beobachten und mich mit ihm darüber zu unterhalten, wie er neue Wege zur Verbesserung fand. Er unterstützte mich dabei, mich stets zuerst auf meine Selbstliebe und mein Persönlichkeitswachstum zu fokussieren.

Ich weiß ohne jeden Zweifel, dass ohne gesunde Selbstliebe unser Selbstbild zu leiden beginnt und unser Fundament instabil wird. Das weiß ich, weil ich beide Seiten dieser Münze kennengelernt habe. Wenn ich ein gesundes Selbstbild habe, kann ich den unvermeidlichen Herausforderungen des Lebens widerstehen, ohne mich selbst zu zerstören.

Ich habe dieses Kapitel „Lachen“ genannt, denn es gab nichts Schöneres, als mit meinem Dad zusammen zu sein, wenn er ausgelassen lachte. Falls du das Glück hattest, sein Lachen einmal zu erleben, dann weißt du, was ich meine. Es war sehr ansteckend. Bei vielen Gelegenheiten fing ich einfach nur wegen seinem Lachen selbst zu lachen an. Es war eine sehr freudvolle Erfahrung.

Wenn mein Dad sich nicht wohlfühlte, sei es mental oder körperlich, nahm er sich Zeit und sah sich eine gute Komödie an. Er glaubte, dass sich unsere Schwingung ändert, wenn wir etwas haben, worüber wir lachen können.

Mein Vater hielt in jeder Situation Ausschau nach etwas Lachenswertem. Er wusste, dass alles zwei (und häufig auch mehr) Seiten besitzt, und indem er das Amüsante fand, fühlte er sich nie überfordert. Diese Einstellung wirkte auf die ganze Familie beruhigend und machte die schwierigen Zeiten leichter.

Es ist eine großartige Lebensstrategie, stets das Gute zu sehen und das Komische zu finden.

Auf der Bühne erzählte Bob Proctor häufig die folgende Geschichte. Sie brachte etwas Humor in eine schmerzhafte Periode seines Lebens und bei jedem Erzählen ließ er sein tiefes Lachen erschallen.

Du weißt ja noch aus einem früheren Kapitel, dass mein Dad seine Mutter verehrte. Als Nan im Krankenhaus lag und nur noch wenig Hoffnung bestand, wechselten wir uns in der Familie ab, um ihr zur Seite zu stehen.

Als mein Dad gerade am Bett von Nan saß, sagte ihm eine Krankenschwester, dass ein dem Tode naher Patient manchmal die Erlaubnis seiner Liebsten braucht und dass es hilfreich ist, ihn wissen zu lassen, dass es in Ordnung ist zu gehen. Sie schlug Dad daher vor, Nan die Erlaubnis zum Sterben zu geben, da ihr so das Loslassen leichter fallen würde.

Nans Zustand hatte sich zusehends verschlechtert; seit mehreren Tagen war sie nicht mehr ansprechbar. Schließlich erhob sich mein Vater, beugte sich über sie und flüsterte in ihr Ohr: „Mutter, es ist in Ordnung zu gehen."

Schlagartig öffnete sie die Augen, blickte meinen Vater staunend an und fragte: „Wohin gehen wir denn?" Das jagte ihm einen gehörigen Schrecken ein, weil er überhaupt nicht auf eine Reaktion gefasst war.

Worüber sie dann sprachen, weiß ich nicht. Aber ich werde nie sein herzliches Lachen vergessen, wenn er diese Geschichte erzählt. Er fand das Humorvolle und machte so einen traurigen Moment leichter erträglich.

Ich erinnere mich nur zu gern daran, wie er sich auf der Bühne selbst küsste, und ich liebe das Gelächter, das daraufhin in einem Saal mit Hunderten von Leuten ausbrach.

Wenn es mich traurig macht, dass mein Vater nicht mehr körperlich hier bei mir sein kann, schließe ich die Augen und höre sein Lachen. Manchmal stoße auf YouTube auf eines seiner Videos und höre die Freude in seiner Stimme. Sie erfüllt mich mit Wärme und verändert die Schwingung in meinem Körper.

Meine Enkelin Nora schaut ihrem Urgroßvater auf YouTube zu

ÜBERLEG MAL ...

Versuche einmal, dich der Freude und dem reinen Lachen hinzugeben.

Wenn wir loslassen, treten Schmerz und Unbehagen in unseren Gedanken in den Hintergrund. Das Lachen löscht den Schmerz nicht aus, aber es macht ihn ein wenig erträglicher.

Hast du schon mal ein Kind lachen gehört? Es ist ansteckend, so wie das Lachen von meinem Dad.

Kindern macht es großen Spaß, eine „Gute-Gefühle-Schachtel" zu gestalten. Wenn du kleine Kinder hast, solltest du das unbedingt gemeinsam mit ihnen ausprobieren. Als Erstes dekoriert ihr einen Schuhkarton und legt dann kleine Erinnerungsstücke oder auch Bilder hinein, die dein Kind zum Lächeln oder Lachen bringen. Dann könnt ihr an schlechten Tagen die Schachtel öffnen und euch den Inhalt gemeinsam ansehen. Das ist eine großartige Möglichkeit, einem Kind zu zeigen, wie es seine Schwingung anheben kann – und Lachen ist eine hervorragende Medizin.

Die „Gute-Gefühle-Schachtel" eignet sich nicht nur für Kinder. Mach doch mal eine für dich selbst! Ich verwende dafür einen Glasbehälter, der auf meinem Schreibtisch steht, voller Fotos und kleiner Gegenstände, die mir Freude bringen.

Unser Selbstimage gedeiht durch unsere Selbstliebe..

Wenn dies ein Bereich ist, an dem du arbeiten musst, solltest du ihn zu einer Priorität machen. Und zwar gleich jetzt.

NOTIZEN :

Loslassen

„Lasst uns nicht mit Wut zurücksehen und auch nicht mit Angst nach vorn schauen, sondern lasst uns lieber mit Bewusstheit um uns blicken."
– Leland Val Van De Wall

Leierst du gedanklich immer wieder dieselben alten Geschichten herunter? Leider ist es so, dass uns die Geschichten, die wir ständig wiederholen, meistens nicht weiterbringen, sondern uns zurückhalten.

Wenn du bemerkst, dass deine Gedanken sich im Kreis drehen und immer aufdringlicher werden, wird dir das Loslassen eine ganz besondere Form der Freiheit schenken.

Unsere Gedanken und Geschichten erscheinen uns absolut real, denn sie enthalten Daten und Fakten aus unserer Vergangenheit, Gegenwart und Zukunft. Und aufdringliche Gedanken können uns von unserem Wachstum abhalten.

Als ich noch klein war, sagte mein Dad immer: „Die Vergangenheit ist vorbei. Sie existiert nur in unserer Vorstellung und hat mit dem jetzigen Moment nichts mehr zu tun. Wenn sie uns nicht dienlich ist, sollten wir sie deshalb nicht länger am Leben halten."

„Lass es los, Brian!" Das hörte ich als junger Mensch von meinem Vater am häufigsten. Er hörte mir zu, wenn ich mit ihm reden wollte, und fragte mich dann, ob das Gesagte mein Leben besser macht. Das war natürlich meist nicht der Fall und so meinte er einfach: „Dann lass es los!" Ich weiß noch, dass mich dieser Rat als junger Mensch frustrierte, aber als Erwachsener gefällt mir seine Einfachheit. Oft sage ich zu mir selbst: „Genau, Brian, lass es einfach los. Mach' es nicht noch komplizierter. Schaffe Raum für das Gute."

Im Loslassen steckt die Chance, herauszufinden, was dir deine mentale und emotionale Kraft raubt – und durch das Loslassen kreierst du einen neuen leeren Raum, den du dann ganz bewusst ausfüllen kannst.

In meiner eigenen Familie habe ich festgestellt, wie wir etwas gemeinsam Erlebtes zu einer Erinnerung oder Geschichte formen, passend zu unserer gewählten Rolle. Aus diesen Geschichten bildet sich dann unsere Identität; sie dienen uns als Grundlage unserer heutigen Persönlichkeitsstruktur. Aber manchmal geraten wir in einen Gedankenkreislauf, aus dem es kein Entrinnen gibt.

Als ich 14 war, ließen meine Eltern sich scheiden. Meine Schwester und mein Bruder sind beide jünger als ich – und so hat jeder von uns dreien eine leicht abweichende Erinnerung beziehungsweise Geschichte über die Scheidung unserer Eltern. Dennoch stützen unsere Erinnerungen unsere jeweilige Sichtweise auf das Ereignis und wie wir uns heute definieren.

Jeder von uns ist durch seine eigene Perspektive voreingenommen, die durch unser damaliges Alter und die Erzählungen anderer noch verengt wird. Darüber hinaus sind diese Erinnerungen auch davon geprägt, wie wir unsere Rolle in diesem Ereignis empfunden haben, sowie von dem Platz, den wir heute im Leben einnehmen.

Für jeden von uns sind unsere Geschichten stimmig, auch wenn sie sich voneinander unterscheiden.

Meine Denkweise wurde durch meine frühen Jahre mit Bob Proctor geprägt, und auch dadurch, dass ich innerhalb von sechzig Jahren fast dreißig mit ihm zusammengearbeitet habe. Diese Erfahrung bringt mich dazu, mehr an positiven Erinnerungen festzuhalten ... und vor allem negative Gedanken loszulassen. Ich habe gelernt, nur sehr wenig Energie auf die Kämpfe in meinem Leben zu lenken. Das war ein Teil meiner Erziehung. Als kleines Kind habe ich meinen Dad sehr aufmerksam beobachtet.

Vor meiner Hochzeit mit Cory formulierte mein Dad eine Affirmation für sie, die sie noch heute nutzt. Weißt du, Cory neigt zum Perfektionismus; dadurch verheddert sie sich manchmal in Kleinigkeiten und kommt nur noch schwer voran. Diese Affirmation war für sie so hilfreich, dass sie das Wort LET mit einem abwischbaren Stift an alle möglichen Stellen schrieb.

Das Wort stand auf der Frontscheibe ihres Autos, auf dem Badezimmerspiegel und auch auf dem Küchenfenster – überall dort, wo sie es mehrmals täglich sehen konnte. Es erinnerte sie daran, loszulassen.

Der Anblick des Wortes LET brachte Cory dazu, innezuhalten und Raum zu schaffen, indem sie den Gedanken losließ, über den sie nachgrübelte. Dies half ihr voranzukommen.

Bei unseren Events holte mein Vater Cory auf die Bühne und ließ sie dort die Affirmation aufsagen. Da kam ihm die Idee, wie sie auch anderen helfen konnte.

Im Jahr 2018 entwarf unser Grafikdesigner eine wunderschöne künstlerische Darstellung des Wortes LET. Allein schon der Anblick wirkte beruhigend. Mein Dad ließ Tausende von Drucken davon anfertigen und laminieren, die wir dann auf unseren Events verschenkten. Die Teilnehmer sollten das Wort dann an einer Stelle anbringen, an der sie es tagsüber häufig sehen können.

Mein Vater wusste, dass unsere Selbstgespräche die wichtigsten Gespräche sind und dass das Leben aus einer unsichtbaren Kraft besteht, die zu und durch uns fließt. Wenn sich unser Leben kraftlos anfühlt, sollten wir nach dem Widerstand suchen, und der befindet sich natürlich in unseren Gedanken. Untersuche daher deine Gedanken – dieses unaufhörliche Geplapper in deinem Geist. Sollte dieses Geplapper zu aufdringlich werden und dein Wachstum behindern, musst du daran arbeiten, es loszuwerden.

Du kannst mit bewusster Anstrengung die emotionale Last von diesem Widerstand verringern, und wenn dir das gelingt, erschaffst du einen Raum, damit dein ersehntes Gutes zu dir und durch dich fließen kann.

Mit dieser Übung kannst du die emotionale Last reduzieren: Identifiziere die aufdringlichen Gedanken und gib dir die Erlaubnis, dich anders mit dieser Erinnerung auseinanderzusetzen. Dadurch gewinnst du eine neue Perspektive. Ich wende mich nach innen und überarbeite die Geschichte – im wahrsten Sinn des Wortes. Dazu bringe ich alles detailliert zu Papier. Das hilft mir, das emotionale Gewicht loszulassen und einen Raum für mein Vorankommen zu schaffen.

Abschließend halte ich dann Ausschau nach dem daraus erwachsenden Guten. Das so entstandene Gefühl ist vielleicht nicht so stark wie der Schmerz, aber es gibt immer etwas Gutes

Corys Affirmation: *„Ich bin jetzt so glücklich und dankbar, dass ich alles in meinem Leben frei und leicht fließen lasse und mich nur auf das konzentriere, was mir zu meinem größeren Wohl dient."*

I am so happy and grateful now that
I LET everything in my life flow free and easy,
and I focus only on what serves me
toward my greater good.

Dad mit seiner Frau Linda

ÜBERLEG MAL ...

Formuliere die Geschichte neu, die dich gefangen hält. .

Wenn wir sinnvolle Veränderungen herbeiführen wollen, müssen wir bewusst unterscheiden zwischen dem, was uns ein gutes Gefühl gibt, und dem, was uns das Gefühl gibt, fehlerhaft oder unzureichend zu sein. Stoppe jedes Urteil über dich selbst und frage dich: „Inwiefern ist mir diese Geschichte dienlich?"

Überprüfe deine Gedanken.

Halten sie dich an einem Ort fest, der zu deiner Komfortzone geworden ist? Jede Erinnerung ist mit einer Emotion verknüpft. Manche sind allerdings mit starken negativen Gefühlen verbunden – und diese nehmen dann in unserem Denken den meisten Raum ein. Finde einen Weg, deine Gefühle zu schätzen und zu vergeben; manchmal musst du auch dir selbst vergeben. Das ist entscheidend – wenn du nicht vergibst, steckst du in deiner Energie fest und schränkst deine schöpferische Kraft ein.

Du solltest versuchen, deine Perspektive proaktiv zu ändern, statt rein passiv zu bleiben.

Ergründe, welchen Anteil deiner schöpferischen Energie du in deiner Vergangenheit verankert hast, verknüpft mit Scham, Schuldgefühlen oder Schuldzuweisungen. Diese Gefühle sorgen dafür, dass wir feststecken. Halte alles schriftlich fest. Der Akt des Schreibens beschäftigt unseren Geist auf andere Weise und regt uns zum Nachdenken an. Das Wort LET erinnert uns daran, alle Gedanken, die unsere Energie blockieren, schnell hinter uns zu lassen, sobald das endlose Geplapper einsetzt.

In dir steckt die Fähigkeit, dich selbst zu befreien.

NOTIZEN :

Corys Sohn Spencer mit meinem Dad

KAPITEL 11

Erfolg

Die Kraft der Visionstafel

„Es ist ein Unterschied, ob man sich etwas wünscht oder ob man auch bereit ist, es zu empfangen."
– Bob Proctor

Ich fand es immer schön, wenn mein Vater dieses Zitat aussprach. Es stammt ursprünglich von Napoleon Hill. Ich rufe es mir oft ins Gedächtnis, wenn es um meine größten Ziele geht. Hier ist es in ganzer Länge:

> *„Es ist ein Unterschied, ob man sich etwas wünscht oder ob man auch bereit ist, es zu empfangen. Niemand ist für etwas bereit, solange man nicht daran glaubt, dass man es erhalten kann. Unsere Geisteshaltung muss das Glauben sein und kein Hoffen oder Wünschen. Und für den Glauben brauchen wir eine gewisse Aufgeschlossenheit."*

Dieses Zitat spricht mich deswegen so stark an, weil es zu einem Tool passt, das ich besonders gern für die Zielerreichung einsetze: die Visionstafel.

Die Macht des Visuellen lässt sich nicht leugnen – der Geist glaubt, was die Augen sehen. Für mich ist es am besten, wenn ich alle verfügbaren

Werkzeuge einsetze, um in meinem Unterbewusstsein ein präzises Bild von meinem Wunschleben zu erzeugen. Eine Visionstafel ist eine bildliche Darstellung von dem, was wir unserem Unterbewusstsein aufprägen wollen.

Zunächst suche ich mir Bilder, die zeigen, wie ich leben will. Das können materielle Dinge sein, zum Beispiel ein Boot, oder etwas Symbolisches wie ein Sonnenuntergang an einem Strand, den ich besuchen will. Dazu gehören für mich auch immer Bilder, die eine gesunde Beziehung verkörpern, mit Aspekten wie Romantik, Freundschaft, Kindern und was noch alles dazugehört. Ich hatte auch Bilder ausgesucht, die zeigen, wo sich unser Haus befinden und wie es aussehen soll, wenn es fertig renoviert ist. Zusätzlich wähle ich auch Bilder von einem gesunden und fitten Körper, von Autos, die mir gefallen, und anderen Dingen, die mich motivieren. Und ich nehme Bilder, die eine Emotion in mir auslösen.

Wenn möglich, solltest du auch selbst gemachte Fotos nutzen, da zu diesen eine besonders starke emotionale Bindung besteht. Wenn es dir zum Beispiel ein bestimmtes Automodell angetan hat, solltest du ein Foto von dir machen, wie du in ihm hinter dem Lenkrad sitzt. Idealerweise sollte das Auto deine Wunschfarbe haben. Stelle dir vor, wie du dich als Besitzer fühlen wirst. Speichere den neuen Geruch in deinem Gedächtnis ab, wie auch den Klang des Motors.

Wenn du dir dann das Foto auf deiner Visionstafel ansiehst, spürst du wieder dieselben Gefühle, und du erinnerst dich daran, wie viel Spaß dir das Ganze gemacht hat. Auf diese Weise verknüpfst du dein Verlangen mit Gefühlen.

Ich lasse meine Visionstafel-Collage gern einrahmen und hänge sie dann wie ein Kunstwerk an die Schlafzimmerwand. So kann ich sie gleich nach dem Aufwachen sehen und auch als Letztes am Ende des Tages.

Beim Betrachten meiner Visionstafel rufe ich in meinem Körper ein Gefühl der tiefen Gewissheit hervor – ich bin bereit zu empfangen und werde alles, was sich auf meinem Vision Board befindet, mit Leichtigkeit erreichen.

Mein Stiefsohn Spencer erzählte mir neulich eine amüsante Visionstafel-Geschichte.

Vor einigen Jahren studierte Spencer am College Ingenieurwissenschaften und sein Zimmermitbewohner Tyler hatte als Hauptfach Wirtschaft belegt. Für ein Projekt sollte Tyler ein Vision Board anfertigen.

Zuerst hielt Spencer das für kindisch und reine Zeitverschwendung. Während er sich mit seinem Ingenieurstudium abmühte, schnitt sein Wirtschaft studierender Mitbewohner Bildchen aus und beklebte damit einen Karton. Spencer und ich lachen heute darüber, denn inzwischen hat er den Wert und die Bedeutung einer Visionstafel für die Gestaltung seiner gewünschten Zukunft klar erkannt.

Meine Frau Cory und ich haben Spencer oft zu unseren Seminaren in Los Angeles eingeladen. Damals ging er auf ein College in San Luis Obispo, nicht weit von LA entfernt. Spencer lehnte immer ab mit der Begründung, er habe keine Zeit. Schließlich überredete ihn sein Mitbewohner Tyler, doch einmal hinzugehen, und Tyler wollte gern mitkommen.

Als wir meinem Dad erzählten, dass Spencer und Tyler kommen wollten, reservierte er ihnen Plätze am mittleren Tisch direkt vor der Bühne, damit er sie gut sehen und ihnen in die Augen blicken konnte. In der ersten Pause fragte Dad Cory und mich: „Habt ihr die Jungs gesehen? Spencer hat pausenlos mitgeschrieben."

Abends saßen wir dann mit den beiden beim Dinner und Spencer zeigte uns seine Notizen. Aufgeregt erklärte er uns: „Dieses Zeug ist echt; genau das studiere ich auch auf dem College. Da ist es halt nur in Wissenschaftssprache verpackt, aber die Konzepte sind dieselben."

An diesem Tag begriff Spencer die Kraft in den Inhalten meines Vaters und man konnte sehen, wie die Rädchen in seinem Gehirn ratterten. Als er dann die Inhalte auf sein Studium anwendete, wechselte er sehr schnell auf die Überholspur zur Zielerreichung. Seit jenem ersten Seminar hat er ein Ziel nach dem anderen erreicht und das Vision Board spielt nun eine wichtige Rolle in seinem Leben.

Spencer und Tyler haben inzwischen das Werk meines Vaters gründlich studiert. Sie kamen zu mehreren unserer Seminare und Workshops in Los Angeles und besuchten dann sogar unseren Matrixx-Event in Toronto. Bei diesem Event schlossen sie sich zu einer Geschäftspartnerschaft zusammen.

Es war schön, mitzuerleben, wie die Energie in diesem Raum und die mit meinem Vater verbrachte Zeit ihr Denken erweiterte. Man konnte alles genau mitverfolgen. Bei diesem Event überraschte mein Dad die beiden Jungs, indem er sie an einem Morgen noch vor Seminarbeginn in einen bestimmten Raum bat.

Dad hatte seinen Schneider ins Hotel bestellt, um bei Spencer und Tyler Maß zu nehmen und dann Anzüge für sie zu fertigen. Diesen Moment werden die zwei nie vergessen. Beide sind inzwischen überzeugte Anzugträger; das gehört nun zu ihrem Selbstbild – und ich weiß, das haben sie meinem Vater zu verdanken.

Vor Kurzem kamen Cory und ich von einem Kurztrip nach Chicago zurück, wo wir zu Tylers Hochzeit eingeladen waren. Ich weiß nicht, ob er ein Bild dieser Frau auf seiner Visionstafel hatte, aber wir erkannten sofort, dass sie wunderbar zu ihm passte. Spencer kam ebenfalls zur Hochzeitsparty, und Cory und ich waren überglücklich zu sehen, was aus den beiden jungen Männern inzwischen geworden ist.

Und zu wissen, was die Seminare und Inhalte meines Dads den beiden gebracht haben, erfüllt uns mit einer unglaublichen Zufriedenheit.

ÜBERLEG MAL …

Frage dich zuerst: „Bin ich bereit, zu empfangen?"

Wenn du dich erst einmal darum kümmern musst, wird ein Vision Board dir nicht viel bringen. Du musst davon überzeugt sein, dass du es wert bist, zu empfangen.

Nimm dir in den nächsten sieben Tagen genug Zeit, um darüber nachzudenken, wie dein Leben aussehen und sich anfühlen soll.

Und mach dir keine Sorgen, was andere dazu meinen könnten. Frage dich stattdessen: „Was will ich?" Welche Erfahrungen und physischen Dinge sollen in dein Leben treten? Welche Art von Beziehungen möchtest du aufbauen?

Was willst du der Welt geben? Suche dir in Zeitschriften oder online Bilder heraus, die dir helfen, diese Gedanken und Wünsche in deinem Gehirn zu verankern, Bilder, die dich gefühlsmäßig ansprechen.

Besorge dir dann einen hübschen Bilderrahmen oder Posterkarton und bringe die Bilder darauf so an, wie es sich für dich gut anfühlt. Ich sagte ja schon, dass mein Vision Board gut sichtbar an der Schlafzimmerwand hängt. Tu', was für dich funktioniert, aber bitte tu' es. Zuerst kommt dir das vielleicht ein bisschen blöd vor, aber mit der Zeit wirst du sehen, wie es funktioniert. Allein schon das Gestalten deiner Visionstafel wird deine Energie verändern. Achte darauf.

Jedes Bild auf meinem Vision Board hat sich in meinem Leben manifestiert. Manchmal habe ich ein Bild entfernt, weil sich mein Wunsch verändert hat, aber ich habe noch nie eins abgenommen, weil sich nichts tat. Noch nie.

Zum Schluss komme ich noch mal auf meine Eingangsfrage zurück, denn damit es funktioniert, musst du bereit sein zu empfangen.

Frage dich: „Gebe ich bereitwillig?" und „Bin ich bereit zu empfangen?" Im Geben und im Empfangen drückt sich ein und derselbe Energiefluss auf unterschiedliche Weise aus; beides muss vorhanden sein, damit es funktioniert.

NOTIZEN :

Die Belohnung einer Vision

„Gedanken werden zu Dingen.
Was du in deinem Geist sehen kannst,
wirst du in Händen halten."
– Bob Proctor

Im November 2016 sollte mein Vater in der Carnegie Hall in New York City für sein Lebenswerk im Bereich der Persönlichkeitsentwicklung geehrt werden, und das wollte ich um nichts in der Welt verpassen. Ich buchte sofort meine Reise und flog schon zwei Tage vor dem Event hin, um zu genießen, was die Stadt alles zu bieten hat.

Aber es gab noch einen anderen Grund für meine frühe Anreise. Ich liebe Oldtimer und wusste, dass es mitten in New York City einen speziellen Ausstellungsraum gibt. Dieser Ausstellungsraum ist dafür bekannt, dass er das Beste an Oldtimern zu bieten hat. Dort wird jeder Wagen im Bestzustand verkauft, was bedeutet, dass er so gut ist wie an dem Tag, als er die Fabrik verließ.

Mein Traumauto war immer ein Austin Healey 3000. Schon seit vielen Jahren hatte ich ihn auf meiner Visionstafel. An meinem ersten Tag in New York stand ich gleich früh auf und unternahm einen langen Fußmarsch bis zu diesem Ausstellungsraum in Greenwich Village.

Als ich dort ankam, war das Licht aus und die Tür verschlossen. Normalerweise wäre ich umgekehrt und weggegangen. Aber die Chance, vor dieser Tür zu stehen, nachdem ich schon so viele Jahre einen Austin Healey auf meiner Visionstafel hatte, war mir einfach zu wichtig, und so blieb ich stehen.

Neben der Tür war an der Wand eine kleine Sprechanlage. Ich drückte den Knopf, in der Hoffnung, dass sich jemand meldet.

Zu meiner Überraschung ertönte sofort eine Stimme, die mir sagte, dass die Ausstellung nur nach Vereinbarung geöffnet ist. Ich erwiderte, dass ich im Internet von der Ausstellung erfahren hatte und nur ein paar Tage in der Stadt war, und ich fügte hinzu, dass mich die Ausstellung sehr interessiert. Der Mann bat mich, kurz zu warten, und erklärte mir, dass ich Glück hatte, weil er heute eigentlich frei hatte und er nur kurz vorbeigekommen war, um etwas nachzusehen. Er wollte sofort herunterkommen und aufschließen.

Beim Warten warf ich schon mal einen Blick durch das Fenster. Da standen verschiedene alte Modelle von Porsche, Ferrari, Jaguar und anderen Marken, und alle sahen prächtig aus.

Dann ging das Licht an und ein junger Mann ließ mich herein. Sein Name war Kyle. Als ich den Raum betrat, fiel mein Blick sofort auf einen Austin Healey 3000, der genauso aussah wie der auf meinem Vision Board. Ich ging direkt darauf zu und sagte Kyle, dass ich seit Jahren nach diesem Modell Ausschau hielt. Der Aufwand des Restaurierens hatte ich mich aber immer vom Kauf abgehalten. Der Wagen vor meinen Augen war einfach perfekt! Und damit meine ich, er sah so perfekt aus, als ob er gestern erst das Fließband verlassen hätte.

Das Amüsante daran ist, dass ich bis dahin noch nie in einem Austin Healey gesessen hatte. Ich war schon bei verschiedenen Oldtimer-Shows gewesen und mir hatte sein Aussehen und Sound immer gefallen, aber jetzt bot sich mir die erste Gelegenheit, mich hineinzusetzen. Es fühlte sich unglaublich gut an und ich konnte mich sofort sehen, wie ich mit offenem Verdeck und der Sonne im Gesicht durch Florida fahre, genauso, wie ich es mir schon so oft vorgestellt hatte. Ich wusste: Dieses Auto ist für mich.

Es war ein perfektes 1962er Modell und sah absolut neu aus. Ich fühlte mich, als hätte ich einen Zeitsprung in die Vergangenheit gemacht. Der Wagen hatte Speichenräder und seine Farbe war ein wunderschönes Elfenbeinweiß mit abgesetztem Schwarz. Kyle öffnete die vordere Haube und ich erblickte einen blitzsauberen Motor.

Ich setzte mich hinein und erzeugte in mir das Gefühl, diesen Wagen zu besitzen. Langsam ging ich um das Auto herum und erfreute mich an seiner Schönheit und der klaren Linienführung. Genauso hatte ich es mir schon jahrelang vorgestellt.

Aber als wir dann über den Preis sprachen, fühlte ich mich sofort unwohl. Mir wurde richtig schlecht.

Ich setzte ein Pokergesicht auf, aber in meinem Kopf vernahm ich nur noch ein Dröhnen. Schließlich erklärte ich mit ruhiger Stimme, dass der verlangte Preis mein Limit überstieg und dass ich darüber nachdenken musste. Ich fotografierte den Wagen aus allen Perspektiven und verabschiedete mich dann mit dem Versprechen, mich bald zu melden.

Auf dem langen Fußweg zurück ins Hotel vibrierte alles in mir. Ich spürte, dass der Wagen für mich bestimmt war. Der Moment, in welchem sich unsere Vorstellung in physischer Form manifestiert, hat etwas Surreales, und genauso fühlte ich mich: Mir erschien alles wie ein Traum.

Wie es der Zufall so wollte, war ich gerade noch einen Monat von meinem 55. Geburtstag entfernt. Seit meiner Kindheit ist die 55 schon immer meine Lieblingszahl gewesen, aus keinem bestimmten Grund, mir gefällt einfach ihr Aussehen und ihr Klang. Und so wurde die 55 meine Zahl für alles, auch beim Sport. Für mich war das ein ganz spezieller Geburtstag und ich wollte mir selbst ein ganz besonderes Geschenk machen, damit ich mein 55. Jahr niemals vergesse.

Aber bis jetzt hatte ich noch nichts gefunden, um seine besondere Bedeutung zu unterstreichen. Als ich an jenem Tag zum Hotel zurückging, begann ich zu überlegen … wie wäre es denn, wenn ich mir den Wagen selbst zum Geburtstag schenke?

Das wäre mit Sicherheit etwas Unvergessliches.

Das Problem war – mein Paradigma. In meinem Kopf tobte ein Kampf über den Preis. Ich zählte gedanklich alle meine Verpflichtungen auf, für die ich meine Geldreserven brauchte, und ein Auto, das nur ab und zu bewegt wird, fühlte sich wie ein Luxus an, den ich mir nicht wirklich leisten konnte.

Da tat ich genau das, von dem ich wusste, dass es mein Unwohlsein noch steigern und die Terrorbarriere durchbrechen lassen würde. Ich schickte meinem Dad Bilder von dem Auto und rief ihn an. Er verstand es meisterlich, mich dazu zu bringen, meine Komfortzone weit hinter mir zu lassen.

Ich berichtete ihm, was diesen Wagen so einzigartig machte, und er erwiderte nur: „Dann solltest du hingehen und ihn dir holen."

Da zählte ich ihm all die Gründe auf, warum das keine gute Idee war, und dann fügte ich etwas hinzu, das den Ausschlag gab. Ich sagte meinem Dad, dass er ein gutes Geschenk für mich wäre, damit ich meinen 55. Geburtstag niemals vergesse. Mehr brauchte ich nicht zu sagen.

Mit sehr klaren Worten verdeutlichte mir mein Vater, dass ich meine Komfortzone verlassen und einen Weg finden musste, mir den Wagen zu holen. Er überzeugte mich, dass ich es wert bin, gut zu mir selbst zu sein, und sprach dann darüber, dass es den meisten schwerfällt, sich selbst gut zu behandeln, und dass dies ein schwerer Fehler ist. Mehr brauchte ich nicht zu hören.

Ich rief Kyle an, um ihm zu sagen, dass ich wiederkommen und einen fairen Deal für den Wagen aushandeln wollte.

Als ich am Ausstellungsraum ankam, brannte das Licht und Kyle bat mich herein. Während der Preisverhandlung war dann auch der Firmeninhaber telefonisch zugeschaltet. Wir unterhielten uns ein paar Minuten lang und einigten uns dann auf einen Preis. Ich fühlte mich nach wie vor ziemlich unwohl, mir war schlecht, aber dennoch hörte ich mich sagen: „Abgemacht." Das war für mich wie eine außerkörperliche Erfahrung und mein Paradigma schrie mir ins Ohr: „Das kannst du doch nicht machen!"

Wir gingen hinauf ins Büro, um den Kaufvertrag zu unterschreiben und zu besprechen, wie der Wagen zu mir nach Florida geliefert werden sollte.

Als ich dann mit einem gemischten Gefühl aus Begeisterung und Riesenangst zum Hotel zurückging, rief ich noch mal Kyle an und bat ihn, mir den britischen Herkunftsnachweis des Wagens zu schicken. Kyle wollte sich umgehend darum kümmern, damit die E-Mail schon in meinem Hotelzimmer auf mich wartet.

Wie ich schon sagte, der Wagen war ein 1962er Modell. Ich wurde am 8. Dezember 1961 geboren. Als ich Kyles E Mail öffnete und mir das Zertifikat ansah, haute es mich fast um. Der Produktionsbeginn für mein soeben erworbenes Fahrzeug war der 8. Dezember 1961 – mein Geburtstag!

So etwas kann sich niemand ausdenken! Nenne es, wie du willst, ich weiß, dass ich diesen Wagen angezogen habe. Das machte mir erneut deutlich, welche Wirkung eine Visionstafel haben kann und wie sie uns hilft, eine ganz spezielle Schwingungsfrequenz zu erreichen. Jahrelang hatte ich auf das Foto dieses Autos geschaut und was jetzt geschah, war einfach die natürliche Vollendung einer Idee aus meinen Träumen, die ich in mein Vision Board aufgenommen hatte.

Am meisten gefällt mir an dieser Geschichte, dass mein Dad seine eigene Meinung zu diesem Erwerb völlig außen vor ließ. Er interessierte sich überhaupt nicht für Oldtimer und hätte sich nie einen zugelegt. Er hätte auch einfach zu mir sagen können: „Brian, das ist doch blöd. Wofür brauchst du so ein Auto?“ Es wäre für ihn ein Leichtes gewesen, meinen Traum zu zerstören.

Doch stattdessen unterstützte er mich und freute sich darüber, wie sehr mir der Wagen gefiel. Er sprach mir Mut zu und fand es super, dass ich mich selbst gut behandelte.

Nun, ein Auto ist bloß ein einfaches Beispiel. Mein Dad ermutigte mich bei allem, was ich ihm Leben haben wollte. Diese beständige Unterstützung hat mein Leben geformt. Ich spürte immer seine Hand auf meinem Rücken.

Und wenn ich heute meine eigenen Kinder ermutige, ihre Träume zu verfolgen, kann ich spüren, wie die Stimme meines Dads mich durchströmt. Auch wenn manche ihrer Wünsche für mich überhaupt keinen Sinn ergeben, so fühle ich doch, dass sie ihnen sehr viel bedeuten. Aus Erfahrung weiß ich, welches Gefühl ihnen meine Ermutigung schenkt – ein Gefühl der bedingungslosen Liebe.

ÜBERLEG MAL ...

Denke an eine Zeit an deinem Leben zurück, als du eine Sache, eine Person oder eine Situation manifestiert hast.

Halte dies schriftlich detailliert fest und beschreibe dann, welche Gefühle du mit diesem Erlebnis verbindest.

Denke nun an etwas, das du jetzt manifestieren willst.

Bringe dann an deiner Visionstafel Bilder an, die zu deinen Wünschen passen. Verhalte dich so, als ob du deinen Wunsch bereits manifestiert hättest. Besuche einen Fahrzeughändler. Gehe zu Tagen der offenen Tür. Vereinbare ein Date. Unternimm etwas für deine Wünsche.

Schreibe sie dir auf.

Die Bilder auf deiner Visionstafel sollten auch zu deinem großen Ziel passen, das du in allen Einzelheiten schriftlich festhältst. Schreibe es dir immer wieder auf und lies es täglich. Allein schon durch das Aufschreiben erhöht sich die Wahrscheinlichkeit kolossal, dass aus deinen Worten auch Taten erwachsen.

„Der Geist erinnert sich an das, was die Hand tut."
– Madame Montessori

NOTIZEN :

PEGGY McCOLL
BRIAN PROCTOR

Dein kraftvolles Lebensskript.

Ich möchte dir noch ein weiteres Tool an die Hand geben, das dein Vision Board und das Aufschreiben deines Ziels wunderbar ergänzt. Meine gute Freundin Peggy McColl nennt es das *Power Life Script*®. Sie arbeitet damit seit vielen Jahren und ihre Resultate überzeugten mich, es damit ebenfalls zu versuchen.

Peggy beginnt so, dass sie ihr Traumleben mit allem, was sie erreichen will, in allen Einzelheiten so aufschreibt, als ob es bereits geschehen wäre. Dann erstellt sie eine Sprachaufnahme dieses Texts und hört sie sich mehrmals täglich an. Schließlich gab sie diesem Prozess den Namen Power Life Script®, ließ ihn sich sogar als Marke schützen und machte daraus einen Online-Kurs.

Ich habe Peggy dabei beobachtet, wie sie sich ständig weiterentwickelte und in ihrem Geschäfts- und Privatleben Dinge tat, die sie auf die nächste Stufe brachten. Als sie ihre Tonaufnahme mit ihren neuesten Ergebnissen verglich, machte ich mich sofort an die Arbeit und erstellte meine eigene.

Mein Vater lehrte mich, dass Wiederholungen unerlässlich sind, wenn wir uns eine Verbesserung in unserem Leben wünschen. Mir wurde klar, dass Peggy genau das tat. Sie hatte etwas erschaffen, das sie sich immer wieder anhören konnte, um so ihre Denkweise zu verändern.

Als ich meine eigene Stimme aufzeichnen wollte, schuf ich mir zuerst ein mentales Bild meines großen Ziels und hielt es dann schriftlich fest. Darin kam meine wunderbare Partnerschaft vor, das Einkommen, das ich erzielen wollte, und wie fit und gesund ich bin. Ich beschrieb unsere Kinder und ihre Entwicklung. Ich sprach über jeden Aspekt meines Lebens, und zwar in der Gegenwartsform, als ob sich schon alles verwirklicht hätte.

Und dann hörte ich mir die Aufnahme regelmäßig an. Sie war zwar gelungen, aber den Klang meiner eigenen Stimme fand ich störend und ablenkend, und so fiel es mir schwer, mich gefühlsmäßig auf das Gesprochene einzulassen.

Da hatte ich einen dieser Aha-Momente. Meine Frau Cory ist ein wahres Gottesgeschenk für mich, sie hat so Vieles in meinem Leben zum Besseren verändert. Besonders beeindruckt hat mich schon immer ihre Stimme. Für mich hat sie die schönste Stimme, die ich je gehört habe. Ich höre ihr einfach nur zu gern zu.

Bei langen Autofahrten liest sie mir häufig etwas vor. Bei einer dieser Fahrten, als sie wieder etwas vorlas, kam mir die Idee ...

„Wie wäre es, wenn Cory mein Lebensskript für mich mit ihrer Stimme aufzeichnet?"

Sie sprach es dann so, als ob es eine Unterhaltung wäre. Sie sagte, wie stolz sie auf alles ist, was ich schon erreicht habe und sprach dann darüber, wie viel Gutes ich bewirkt habe. Im Grunde nahm sie einfach mein Lebensskript und las es mir vor, als würde sie mir ins Ohr flüstern, welche Ziele ich erreicht habe, was ich alles bewegt habe und was für ein erfüllendes Leben wir führen.

Jeden Morgen höre ich mir die Aufnahme an, auf der meine Frau direkt zu mir spricht. Mein von Cory gelesenes Lebensskript berührt mich so tief, dass ich es mir wahnsinnig gern anhöre. Ich kann die von ihr gesprochenen Worte in mir spüren.

Dieser zusätzliche Schritt hat der Tonaufnahme eine sehr viel größere Wirkung gegeben. Beim Schreiben dieser Zeilen wird mir klar, dass Cory diese Aufzeichnung bereits vor über zwei Jahren gemacht hat. Dennoch höre ich sie mir fast jeden Morgen an, und beinahe alles darin hat sich bereits verwirklicht. Es ist absolut magisch.

Jetzt ist es für mich an der Zeit, ein neues, besseres und größeres Skript zu entwerfen, und ich werde sie bitten, es wieder mit ihrer Stimme aufzuzeichnen. Dieses Tool ist ein einfacher und wirkungsvoller Weg, das Unterbewusstsein zu beeinflussen, und du kannst ihn ebenfalls nutzen.

Eine amüsante Ergänzung zu dieser Geschichte ist, dass Peggy es für eine großartige Idee hielt, das Skript vom Lebenspartner vorlesen zu lassen, und so änderte sie ihr Skript so ab, dass es ihr Mann Denis aufzeichnen konnte.

Die Tonaufnahme gestalteten sie dann gemeinsam. Erst bei dieser Gelegenheit erfuhr Denis von Peggys langfristigen Zielen. Als er ihre Einkommensziele vorlas, wurde seine Stimme lauter, er begann vor Freude zu lachen und war richtig aufgeregt. Das machte beiden so viel Spaß, dass Peggy die Aufzeichnung genau so beließ. Dadurch kann sie sich mit einem ganz anderen Emotionslevel verbinden und hört sich ihr Skript noch viel öfter an.

Ich kann dir aus eigener Erfahrung sagen, dass es sich lohnt, über deine Zukunft nachzudenken und sie ausführlich schriftlich festzuhalten – wie sie aussieht und wie sie sich anfühlt. Anschließend zeichnest du deinen Text auf und hörst ihn dir ein- oder mehrmals täglich an. Dieses Tool steht dir hier und jetzt kostenlos zur Verfügung.

Beim Verfassen dieses Kapitels musste ich an einen Artikel denken, der meinem Dad im Lauf der Jahre immer wieder geholfen hatte und den er gern weiterempfahl. Diese Schrift von Albert E. N. Gray trägt den Titel Der gemeinsame Nenner des Erfolgs. Kurz gesagt, sie enthält die simple Wahrheit, warum manche erfolgreich sind und manche nur Durchschnitt bleiben. Und die hat nichts mit Intellekt, Geld, Bildung oder anderen Dingen zu tun, die wir meist ganz natürlich mit dem Erfolg verbinden. Stattdessen erläutert der Autor:

„Ein erfolgreicher Mensch hat die Gewohnheit, die Dinge zu tun, die ein Versager nur ungern tut."

Erfolg ist einfach, aber nicht leicht. Er ist nicht leicht, weil die Leute viel zu schnell aufgeben, besonders wenn sie keine sofortigen Resultate sehen. Doch du kannst beschließen, es anders als die breite Masse zu machen, denn es ist fast immer ein Fehler, sich nach der Masse zu richten. Über etwas nachzudenken und darüber zu reden, ist etwas ganz anderes, als auch etwas dafür zu tun.

ÜBERLEG MAL …

Wirst du die feste Entscheidung treffen, diese Übung durchzuführen?

NOTIZEN :

Er wollte unbedingt den Sweater

„Wenn du schon weißt,
wie du dein Ziel erreichst, ist es nicht groß genug."
– Bob Proctor

Vielleicht bist du ja so wie ich ein Schüler von Bob Proctor, solange du zurückdenken kannst, und kennst die Geschichte, wie verloren er sich im Leben vorkam, bis jemand ihm im Alter von 27 Jahren das Buch *Denke nach und werde reich* von Napoleon Hill überreichte.

Da ich meinen Dad nur so kannte, dass er das, was er lehrte, auch ständig selbst studierte, habe ich mir häufig gedacht … dass ihn schon als Kind etwas Besonderes ausgezeichnet haben muss. Aber aus seinen Erzählungen konnte ich nichts dergleichen heraushören.

Bis ich die Jo-Jo-Geschichte hörte.

Ich sehe und höre noch deutlich, wie mein Vater bei unseren Seminaren diese Geschichte auf der Bühne erzählte und dabei ein Cheerio-Jo-Jo aus seiner Anzugtasche holte. Alle waren überrascht, genauso wie wir (sein Support-Team). Spaß gehörte bei meinem Dad einfach dazu. Mir fällt kein anderer Redner in unserer Industrie ein, der die Aufmerksamkeit seines Publikums so sehr fesseln konnte.

Dad erklärte zunächst, dass unsere Ziele über die Grenzen unseres heutigen Verständnisses hinausreichen müssen, wenn wir wachsen wollen. Dann fragte er, ob jemand unter den Zuhörern mit einem Jo-Jo umgehen kann. Natürlich hoben ein paar Teilnehmer die Hand.

Mit 13 Jahren besuchte mein Vater eine öffentliche Schule im Stadtviertel Beaches von Toronto. Es gab dort einen Jungen, der älter als mein Vater war und mit einer Selbstsicherheit durch die Straßen dieses Viertels lief, die den jungen Bob Proctor in ihren Bann zog.

Jeden Tag nach der Schule schaute sich mein Dad in der Nachbarschaft um, ob er diesen Jungen finden konnte. Sein Name war Ricky McGinnis. Er arbeitete für den kanadischen Jo-Jo-Hersteller Cheerio. Ricky war ein Jo-Jo-Champion und war zum Jo-Jo-Botschafter der Marke Cheerio ernannt worden. Er war in verschiedenen Stadtvierteln unterwegs, um die Kinder zum Jo-Jo-Spielen zu animieren und dadurch für das Unternehmen Verkäufe zu generieren.

Wenn Ricky in der Gegend herumlief, trug er immer einen kastanienbraunen ärmellosen Sweater mit V-Ausschnitt. Vorn auf der Brust war das Cheerio-Logo mit der Aufschrift „Yo-Yo Champion" zu sehen. Zusätzlich waren überall kleine Abzeichen aufgenäht, die für die Tricks standen, die Ricky beherrschte.

Da beim Üben von bestimmten Tricks die Schnüre leicht rissen, trug Ricky immer Dutzende von Ersatzschnüren um den Hals. Damals kosteten zwei Jo-Jo-Schnüre fünf Cent, was zu jener Zeit für ein Kind sehr viel Geld war. Wer aber Ricky einen Trick vorführen konnte, bekam von ihm ein paar Schnüre geschenkt.

Ricky zog die Kids magisch an. Alle folgten ihm, und mein Vater auch. Während sie so durch die Gegend zogen, brachte Ricky meinem Dad und anderen Kindern neue Tricks bei, und überprüfte dann, ob sie sie beherrschten.

Wenn Dad diese Geschichte erzählte, fing er in diesem Moment an, auf der Bühne mit dem Jo-Jo zu spielen. Natürlich war es ein Jo-Jo von Cheerio.

Er erzählte weiter, dass er sich an einige Tricks noch gut erinnert und sie gleich zeigen wird. Zunächst zeigte er dem Publikum Tricks wie *Sleeper, Walk the Dog, Shoot the Moon* und *Rock the Baby*. Zum Schluss führte er noch den Trick *Bite the Dog* vor, häufig noch mit einer Pointe. Es gab ein großes Gelächter, als Papa das Jo-Jo zwischen seine Beine warf, worauf es hinten an seiner Hose hochsprang. Man konnte fast spüren, wie die Männer im Publikum den Atem anhielten.

Während er die Tricks vorführte, erzählte mein Dad, wie eine von Rickys Ideen ihn neugierig machte.

Eines Tages überraschte Ricky seine jungen Anhänger mit einem Wettbewerb, den er sich für sie ausgedacht hatte. Dem Gewinner winkte ein Sweater, der genauso wie der von Ricky aussah. Der Sieger musste alle gängigen Tricks beherrschen und zusätzlich noch einen besonders schwierigen, den Brain Twister.

Mein Dad erzählte, wie sehr ihn die Vorstellung emotional gepackt hatte, mit einem solchen Sweater in der Stadt herumzulaufen. Er stellte sich vor, wie sich all die hübschen Mädchen zuflüsterten: „Das ist er. Das ist der Junge, der den Sweater gewonnen hat.“ Im ganzen Seminarraum konnte man spüren, wie er auf der Bühne alles nacherlebte und welche Gefühle in ihm hochkamen.

Der junge Bob ließ sich voll entschlossen auf die Idee ein, diesen Sweater zu gewinnen. Mein Dad erzählte mir später, dass er sich damit wohl zum ersten Mal ein Ziel gesetzt hatte. Er hatte sich etwas so sehr gewünscht, dass eine tiefe emotionale Bindung zu der Vorstellung entstand, diesen Sweater zu tragen. Er hatte die Macht der Visualisierung genutzt, ohne zu wissen, was das eigentlich war.

Dann zeigte er mit über achtzig Jahren den schwierigen Trick Brain

Twister, als ob er sein Leben lang nichts anderes getan hätte. Bei dieser Vorführung war es jedes Mal im Saal mucksmäuschenstill. Und danach klatschten alle stehend Applaus!

Dass Bob Proctor ein Jo-Jo auspackt und verblüffende Tricks vorführt, war das Letzte, was man von ihm erwartet hätte. Anschließend fragte er seine Teilnehmer, ob jemand auf die Bühne kommen und den Trick mit ihm gemeinsam vorführen will. Du kannst dir sicher denken, dass niemand dazu bereit war.

Darauf lachte er und meinte: „Und was ist mit all jenen, die ihre Hand erhoben haben, als ich fragte, wer Jo-Jo-Spielen kann?"

Und er fuhr fort: „Ich habe den Sweater gewonnen, weil ich mir die Idee, ihn zu gewinnen und zu tragen, völlig zu eigen gemacht hatte. Die anderen schafften den Trick nicht, weil sie den Sweater nicht haben wollten."

In dieser Aussage steckte auch schon die ganze Lektion. Dann stellte er die Frage: „Was ist dein Sweater? Was willst du wirklich?"

Um den Sweater zu bekommen, musste Dad sehr viel üben. Er war von der Idee, ihn zu tragen, regelrecht besessen. Sein Training war nicht nur physisch, sondern auch mental und emotional.

Er hatte sich so sehr seinem Ziel verschrieben, dass er sogar seinen Tagesablauf abänderte, um die für das Training nötige Zeit zu finden. Statt nach der Schule mit seinen Freunden zu spielen, fing er zuhause sofort mit dem Training an. Einige Tricks waren sehr schwierig zu erlernen. Wenn er das Jo-Jo nicht kräftig genug nach unten schleuderte, schnellte es sofort zurück und traf ihn an den Fingerknöcheln, was Spuren hinterließ. Immer wieder rissen die Schnüre und er gab sein ganzes Taschengeld für Ersatzschnüre aus, statt mit seinen Freunden ins Kino zu gehen.

Er hatte sich ein Vorstellungsbild seines Ziels kreiert, sich seinem Ziel verpflichtet und dann an die Arbeit gemacht.

Mein Vater gewann den Sweater und lief stolz überall damit herum. Aber vor allem hatte er die wertvolle Lektion gelernt, wie man sich Ziele setzt und sie verfolgt.

Als er sich später überlegte, was er mit seinem Leben anfangen will, erinnerte ihn diese erste Lektion an die nötige Disziplin, um etwas zu erreichen. Und Disziplin ist etwas, das man lernen kann. Jeder von uns kann das.

ÜBERLEG MAL ...

Was bist du bereit, für dein Ziel zu tun?
Bist du bereit, dich ohne Wenn und Aber auf die erforderliche Arbeit einzulassen?
Was bist du bereit, dafür aufzugeben?

Diese Fragen müssen sich alle stellen, die ein großes Ziel anstreben. Wenn wir nach etwas streben, das wir noch nie zuvor erreicht haben, ist das eigentlich Wichtige dabei, wie wir uns in unserer Persönlichkeit weiterentwickeln. Das gehört zu dem göttlichen Plan für dich als spirituelles Wesen. Dad meinte immer: „Der Sinn eines Ziels liegt nicht darin, etwas zu ***bekommen****, sondern darin, zu* ***wachsen****."*

Er gab auch gern diese äußerst kraftvolle Definition des Wortes „opfern" weiter: „Etwas Niederes aufgeben, um etwas Höheres zu erhalten." Viele halten das Opfern für etwas Negatives, aber mit dieser Definition wird es zu etwas unglaublich Mächtigem. Du kannst zum Beispiel einen hinderlichen Glaubenssatz durch einen ersetzen, der dich weiterbringt, oder du kannst aufhören, dir Abend für Abend irgendwelche Netflix-Serien reinzuziehen und stattdessen lieber diese Zeit nutzen, um zu studieren und deine Fähigkeiten zu verbessern.

Für ein schöpferisches Leben sind Ziele unerlässlich.

Jeder Lebensausdruck bewegt sich ständig in die eine oder andere Richtung. Entweder du verbesserst deine Lebensqualität oder du reduzierst sie.

Worauf bist du hungrig?

NOTIZEN :

OFFICIAL
CHEERIO
CHAMPION

Was willst du?

„Wenn die Motivation stark genug ist, ist alles möglich."
– Bob Proctor

Als ich mit Mitte Zwanzig als Immobilienverkäufer anfing, ging ich gern zu den Seminaren zur Zielerreichung meines Vaters. Natürlich wusste ich, wie wichtig Ziele sind, aber dieses Seminar entzündete jedes Mal ein Feuer in mir – und ganz besonders die Übung, bei der wir herausfinden sollten, was wir wirklich wollen. Nach diesem Event schossen meine Umsätze immer in die Höhe!

Dad trug uns auf, auf einem Blatt Papier alles festzuhalten, was wir sein, tun und haben wollten. Wichtig hierbei war, sich überhaupt nicht zu fragen, wie das alles gehen sollte. Wir sollten alles so aufschreiben, als ob wir einen Zauberstab hätten, der alles verwirklichen kann. Wirklich alles. Es spielte keine Rolle, wie verrückt sich manche Wünsche anfühlten. Es ging nur ums Aufschreiben.

Das war schon alles! Ziemlich einfach, oder?

Sehr schnell wurde mir klar, dass es überhaupt nicht einfach war. Augenblicklich stand ich mir selbst im Weg. Ich weiß noch, dass ich Dinge aufschrieb, die sich lächerlich anfühlten, und mein Paradigma warf sofort ein, dass mir die großen Dinge sowieso nicht zustanden. Das war mir peinlich, obwohl außer mir ja niemand sehen konnte, was ich da aufschrieb. Der Auftrag meines Dads lautete aber klar, dass wir mit offenem Geist und ohne zu beurteilen alles notieren sollten, was sich unser Herz wünscht.

Das meine ich damit, dass es nicht einfach war. Ich musste mit diesen Gefühlen kämpfen und gleichzeitig weiterschreiben. Jedes Mal war es für mich bei diesen Zielsetzungsseminaren ein Erfolgserlebnis, wenn ich dieses Unwohlsein überwand und es mir gelang, die Übung so durchzuführen, wie sie gedacht war. Ich wählte nicht den Weg des geringsten Widerstands. Ich weiß, wie sehr es mir half, als ich begriff, dass die Mauer, die sich mir in den Weg stellte, nur aus meinem Paradigma bestand und nicht real war.

Da diese Übung mir viel schwerer fiel, als ich gedacht hatte, will ich auch dich fragen: Was willst du?

Den meisten wurde in ihrer Erziehung nicht beigebracht, sich ernsthaft zu überlegen, was sie mit ihrem Leben anfangen wollen. Sie bewegen sich standardmäßig von A nach B und so weiter. Entweder sie tun, was ein anderer von ihnen verlangt, oder sie entscheiden sich dafür, andere glücklich zu machen.

Zum Glück bin ich mit Bob Proctor aufgewachsen, aber trotzdem fiel mir diese Übung schwer. Um herauszufinden, was du wirklich willst, musst du zunächst deiner Fantasie freien Lauf lassen und dann beschließen, deine Wünsche zu verwirklichen – wenn sie dich wirklich inspirieren.

Die größte Hürde für die meisten von uns besteht darin, unsere Wünsche festzulegen und dann an dieser Vision festzuhalten. Ich habe vielfältige Erinnerungen, wie mir Dad beim Bestimmen von großen Zielen über die Schulter schaute und anregte, sie noch ein wenig zu steigern.

Erst später im Leben erkannte ich, dass es ihm dabei nicht um die großen Ziele ging. Ihn interessierte vielmehr das Wachstum, das mich erwartete, wenn ich beim Verfolgen dieser großen Ziele über meine Komfortzone hinauswachsen musste.

Dad teilte in seinen Seminaren die Ziele in drei Kategorien ein:

Ziel vom Typ A

Dies ist ein Ziel, von dem du schon weißt, wie du es erreichst.

Ziel vom Typ B

Hier musst du dich strecken, aber du denkst, dass du es schaffst.

Ziel vom Typ C

Ein Ziel, das du wirklich willst …
das dich wahrhaft inspiriert,
aber gleichzeitig auch sehr verängstigt.
Und du hast keine Ahnung, wie du es erreichen sollst!

Meinem Dad zufolge liegt keine dauerhafte Inspiration darin, etwas haben zu wollen, von dem man bereits weiß, wie man es erreicht. Viel wichtiger ist es, ein Ziel vom Typ C anzustreben, denn dort findet Wachstum statt. Es geschieht, wenn wir uns strecken. Wenn du etwas nachjagst, das dich wirklich beflügelt, dann schaffst du an einem Tag Dinge, die dir normalerweise nie gelingen würden, ja vielleicht sogar nicht mal im ganzen Leben. Diese Art von Zielen begeistert uns zwar, aber sie kann uns auch sehr erschrecken.

Ein weiterer wichtiger Faktor ist, dass wir unser Ziel nicht Leuten mitteilen sollten, die uns nicht unterstützen. Das gilt vor allem zu Anfang, wenn wir leicht ins Straucheln kommen können, weil wir erst noch Vertrauen in unsere Ideen aufbauen müssen. Wenn du dir Ziele vom Typ C vornimmst, merkt dein Umfeld, dass sich bei dir etwas verändert. Die Menschen sehen, dass du Dinge tust, die dich von der Masse abheben. Genau jetzt musst du stark sein. Du musst weiter voranstreben, auch wenn du merkst, wie dich andere verurteilen. Meistens wollen die anderen, dass du in der Komfortzone bleibst, in der sie dich sehen. Das heißt nicht, dass du ihnen nicht wichtig bist; sie tun dies, weil sie sich dem Wandel widersetzen.

Ich habe in meinem Leben einiges Unglaubliches erreicht, aber es war nicht immer bequem. Mein Vater ermutigte mich, das Unbequeme zu wählen, und er war stets zur Stelle, um mich anzuspornen. Er sagte immer: „Unbequem ist gut, Brian“. Und wegen ihm und seiner Lehre führe ich heute ein sehr viel erfüllteres Leben, als ich mir vorstellen konnte.

Die Ziellinie für das, was ich erreichen kann, verschiebt sich immer weiter, weil ich an diesen Prozess und auch an mich selbst glaube.

Negativen Dingen widme ich überhaupt keine Energie. Das heißt nicht, dass es in meinem Leben nichts Negatives gibt; ich entscheide mich nur dafür, keine Energie darauf zu lenken.

Vor einigen Jahren veranstalteten wir in Toronto ein Seminar mit Menschen aus der ganzen Welt, die ihr Leben und ihr Geschäft voranbringen wollten. Als ich mit dieser Gruppe an Lösungen und Strategien arbeitete, stellte ich fest, dass die Methode zum Erzielen erfolgreicher Ergebnisse relativ einfach ist, aber ich erkannte auch, dass es schwierig sein kann, sie zu befolgen.

Die Methode besteht darin, im Hier und Jetzt völlig präsent zu sein und unser Bestes zu geben. Dann widmen wir uns dem nächsten Moment, der nächsten Stunde, dem nächsten Tag und so weiter.

Viel zu viele Menschen blicken in die Vergangenheit; sie klammern sich daran fest und lassen sich von ihr definieren. Wir können das Vergangene nicht ändern. Gut oder schlecht, unsere Geschichte ist so, wie sie ist. Wenn ich mich darüber beklagte, etwas falsch gemacht zu haben, meinte mein Dad stets zu mir: „Du kannst nicht die Uhrzeit ändern, zu der du heute Morgen aufgestanden bist." Seine Worte erinnern mich daran, dass wir nur den jetzigen Moment beeinflussen können.

Dad war ein Meister im Erreichen großer Ziele. In seinem Herzen wusste er einfach, dass er alles erreichen konnte, was er sich vornahm, und er umgab sich nur mit Menschen, die ebenfalls das in ihm sahen.

Wenn du das gute Leben anstrebst, brauchst du ein Bild davon, was es für dich bedeutet. Dieses Bild pflanzt du dann in den Nährboden deines Unterbewusstseins ein. In diesem Moment ändert sich deine Schwingungsfrequenz. Auf dieser höheren Lebensfrequenz ziehst du dann das an, womit du im Einklang bist – und zwar genauso sicher, wie es heute Abend dunkel wird.

Wenn du dich darauf konzentrierst, heute, in dieser Minute oder in diesem Moment, dein Bestes zu geben, dann wirst du mit deiner schönen, großen, in deinem Unterbewusstsein verankerten Vision neue Gelegenheiten erkennen, die deinen Gedanken entsprechen. Halte Augen, Geist und Herz stets weit offen.

Wenige Tage vor dem Tod meines Vaters saß ich in der Intensivstation an seinem Bett. Selbst in jenen Tagen, als es ihm schon sehr schlecht ging, fragte er mich noch nach meinen Zielen und Vorhaben. Er lächelte über das ganze Gesicht und war sehr glücklich, weil er sah, dass ich großen Zielen nachjagte, die den meisten Menschen sicher recht unsinnig vorkommen mussten. Er wusste, dass ich die Aufgabe begriffen hatte, die er mir seit sechzig Jahren stellte.

ÜBERLEG MAL ...

Dein Ziel muss etwas sein, das du ernsthaft willst, etwas, bei dem du nicht schon bei der ersten Schwierigkeit das Interesse verlierst.

Zig Ziglar meinte dazu: „Ein Ziel, das man leichtfertig festlegt und nicht ernst nimmt, gibt man gleich beim ersten Hindernis freiwillig wieder auf."

Um herauszufinden, was du wirklich willst, musst du zunächst an eine Illusion glauben. Nutze deine Vorstellungskraft und halte auf Papier alles fest, was dir in den Sinn kommt, wenn du darüber nachdenkst, wie du leben willst und wie deine Beziehungen und Erfahrungen im Leben aussehen sollen. Notiere alles, was du je sein, tun oder haben willst. Dann ergänzt du deine Notizen mit vielen Details, lässt deine Vision so groß werden, dass sie dir so richtig Spaß macht, bis sie so gewaltig ist, dass du gern dein Leben dafür hergeben willst. Wir geben unser Leben sowieso für irgendetwas her – dann sollte es sich auch wenigstens gelohnt haben.

Ich möchte dich zu dieser Übung ermutigen, und wenn du Kinder hast, sollten auch sie sie durchführen. Achte darauf, was dein Herz schneller schlagen lässt. So kannst du sehr gut herausfinden, was dich wahrhaftig inspiriert.

NOTIZEN :

Ein Quantensprung

„Die meisten verwechseln das Wünschen und Wollen mit dem Verwirklichen. Du musst auf das Tun vertrauen."
– Price Pritchett

Dad wurde oft gefragt, was für ihn die fünf besten Bücher sind. An erster Stelle stand natürlich immer *Denke nach und werde reich* von Napoleon Hill. Seien wir ehrlich – dieses Buch hat sein Leben völlig verändert und er trug es stets bei sich. Es war so zerlesen, dass es tatsächlich schon auseinanderfiel. Ein Gummiband hielt es zusammen und unterwegs steckte Dad es in eine Hülle.

Im Lauf der Jahre wollten immer wieder manche Menschen ihm ein neues Exemplar schenken oder sein altes neu binden lassen, aber das stand für ihn völlig außer Frage. In seinen Augen war das Buch, das er seit Oktober 1961 in Händen hielt, ein alter Freund, der die Energie seiner Lebensreise in sich trug und von dem er sich niemals trennen würde. Wenn ich das Buch heute in die Hand nehme, kann ich die Energie meines Vaters spüren.

Ein weiteres Buch in Dads Liste war *You²* von Price Pritchett, aus dem ich im Vorwort zitiert habe.

You² steht für „*Du im Quadrat*" und ist eine Anleitung zum Quantensprung. Mit nur 36 Seiten ist es mehr ein Büchlein als ein Buch, aber mein Dad sagte nur: „Lass dich davon nicht täuschen. Diese 36 Seiten enthalten einige der kraftvollsten Lektionen, die ich je gelernt habe."

Als er *You*^{2} zum ersten Mal las, sprachen ihn die Geschichte und die von Prive Pritchett dargelegten Konzepte sofort an. Er erkannte sich in diesem Buch wieder und begriff, dass er in seinem Leben schon mehrere Quantensprünge erfahren hatte. Er sah die Zusammenhänge.

Die These von *You*^{2} besteht darin, dass wir uns nicht zufriedengeben und uns stattdessen einen Durchbruch vorstellen sollen, der nicht schrittweise oder allmählich geschieht, sondern sowohl dramatisch als auch gewaltig ist – einen Quantensprung.

Dies ist eine Formel für einen anderen Weg zum Erfolg.

Auf der Bühne hielt mein Dad das Buch hoch mit den Worten „Jeder sollte es sich besorgen." Price Pritchett, der Autor des Buchs, bekam Wind davon, dass Bob Proctor auf der Bühne sein Buch promotete, und so rief er meinen Vater an, um ihn zu fragen, was da vor sich ging – denn seine Absatzzahlen schossen in die Höhe. So begann eine mehrere Jahre andauernde Freundschaft zwischen den beiden.

Ich hatte das große Glück, Price persönlich kennenzulernen. Einmal saßen mein Dad und ich mit ihm beim Dinner zusammen. Mich beeindruckten seine Liebenswürdigkeit und seine wohlüberlegte Ausdrucksweise.

Nachdem ich ihn kennengelernt und ihm zugehört hatte, verstand ich, warum mein Dad ihn so sehr respektierte. Es war ein Vergnügen, den beiden bei ihrer Unterhaltung zuzuhören. Price stammt aus Texas und mit seinem warmen Südstaatenakzent und seiner Art zu sprechen fühlt man sich in seiner Gegenwart sofort wohl. Sie benahmen sich wie alte Freunde, die ihr Aufeinandertreffen sichtlich genossen.

Im Verlauf des Abendessens sprach Price über Quantensprünge. Ganz besonders beeindruckte mich seine Aussage, dass die meisten Menschen dazu neigen, im Leben nur gemächlich voranzukommen – im Wesentlichen bringen sie ihr Leben einen Schritt nach dem anderen hinter sich.

Seine Theorie besagt, dass jeder einen gewaltigen Sprung und mehrere Schritte gleichzeitig machen kann, scheinbar entgegen dem gesunden Menschenverstand und ohne sichtbare Anstrengung. Weiter führte er aus, dass man hierfür seine Gewohnheiten ändern muss.

Er sagte: „Wenn wir unsere Erfolgsrate rasch steigern wollen, müssen wir uns energisch neue Verhaltensweisen aneignen."

Als er das sagte, wurde mir klar, warum mein Vater so erfolgreich war. Er änderte ständig und mit Absicht sein Verhalten und seine Gewohnheiten. Diese kleinen Dinge summierten sich und führten zu seinen Quantensprüngen. Er erzählte mir zum Beispiel, dass er jeden Morgen eine Aussage oder Gedankenfolge mehrmals niederschrieb, um sie seinem Geist aufzuprägen. Auf diese Weise überzeugte er sein Unterbewusstsein davon, dass dies wirklich stimmte.

Wenn man zum ersten Mal von der Idee eines Quantensprungs hört, kommt sie einem vielleicht lächerlich und unmöglich vor. Wenn wir jedoch nach einem großen Sprung voran zurückblicken, erscheint er uns immer geradliniger als zu Beginn.

Price erklärte uns, dass ein Quantensprung immer dann geschieht, wenn wir uns von unseren routinemäßigen Gewohnheiten radikal verabschieden. Um eine Veränderung hervorzurufen, müssen wir uns anders verhalten, und das verlangt eine bewusste Anstrengung. Wir müssen eine bewusste Kontrolle ausüben und uns selbst immer wieder zu dem neuen (gewünschten) Verhalten zurückbringen, bis es zu einer Gewohnheit geworden ist.

Bei unserem Paradigmenwechsel-Event gab mein Dad den Teilnehmern hierfür eine einfache Übung. Sie zeigte ihnen, wie viel Disziplin man braucht, um sich eine neue Gewohnheit anzueignen, und wie unangenehm eine Veränderung – selbst wenn es nur eine kleine ist – anfangs sein kann.

Die Übung besteht darin, eine Affirmation in ein neues Notizbuch zu schreiben, das nur diesem einen Zweck dienen soll. Du schreibst die Affirmation einmal mit deiner dominanten Hand und dann dreißig Tage lang zehnmal täglich mit der nichtdominanten Hand. Das ergibt für dich wahrscheinlich erst dann einen Sinn, wenn du die Übung durchführst, aber sie wird dir einen echten und dauerhaften Durchbruch bescheren, wenn du dich darauf einlässt.

Ich kann das sagen, da ich sie selbst durchgeführt habe, und ich habe auch die Durchbruchserlebnisse anderer gesehen. Durch diese Übung entstehen im Gehirn neue Verbindungswege, die uns helfen, wenn wir mit derselben Beharrlichkeit Veränderungen angehen, die in unser Leben eintreten sollen.

Nach und nach erkennen wir den Weg, um unsere Vorstellung wahr werden zu lassen. Du wirst auf einmal Dinge tun, die zuvor eher untypisch für dich waren. Mit der Zeit bringst du so deine gewünschten Ergebnisse in dein Leben und zeigst dir selbst und der Welt, wozu du fähig bist.

Wenn ich über das Leben meines Vaters nachdenke, lässt sich leicht erkennen, dass sein erster großer Quantensprung gleich geschah, nachdem er Denke nach und werde reich als Geschenk erhalten hatte. Schon im Jahr darauf war sein Jahreseinkommen zu seinem Monatseinkommen geworden. Eben dieser Quantensprung brachte ihn dazu, sich eingehender mit diesen Inhalten zu beschäftigen. Er war wie besessen von der Idee, herauszufinden, warum er sich so sehr verändert hatte – wie er sich in den 1960er Jahren quasi über Nacht vom Verlierer, als den er sich sah, in einen Erfolgsmenschen verwandelt hatte. Als er die Antwort endlich fand, interessierte er sich nur noch dafür, dieses Wissen mit anderen zu teilen.

Während seiner sechzig Jahre als Lebenslehrer erlebte mein Dad mehrere Quantensprünge. Aber als er das Prinzip hinter seinen Erfolgen verstanden hatte, waren sie für ihn keine Überraschung mehr. Er hatte gelernt, aus der Erwartung heraus zu leben.

Und hier sind die drei anderen Bücher aus der Liste meines Vaters. Sie liegen auf dem Schreibtisch in seinem Studio und scheinen nur darauf zu warten, ihn auf seiner nächsten Reise zu begleiten.

- *Das Geheimnis der Macht – von Robert Collier*
- *Wie wir denken, so leben wir – von James Allen*
- *Die Macht des Bewusstseins – von Neville Goddard*

Bob Proctor besaß eine umfangreiche Bibliothek und viele andere Bücher könnten ebenso gut auf der Liste stehen. Aber diese hier lagen zusammen mit You2 und Denke nach und werde reich auf seinem Schreibtisch.

ÜBERLEG MAL ...

Was willst du am meisten erreichen?

Beginne mit einer klaren Absicht und sieh dich bereits am Ziel, wie du dein Traumleben genießt, begleitet von positiven Gefühlen. Du begibst dich in deiner Vorstellung einfach dorthin und hältst an diesem Bild mental fest – dein Körper und das Universum werden sich anpassen und dieselbe Schwingungsfrequenz einnehmen.

Beschließe, auch alternative Wege in Betracht zu ziehen. Dies gelingt dir, indem du dein Ziel aufschreibst und täglich mehrmals betrachtest. Füge ständig neue Gedanken und Ideen hinzu. Schon bald wirst du bemerken, dass sich dein Denken in völlig neue Richtungen entwickelt.

Diese Übung solltest du nicht überspringen und auf gar keinen Fall unterschätzen. Ein plötzlicher Bewusstseinssprung kann scheinbar wie aus dem Nichts geschehen.

Wie kannst du aus den Beschränkungen ausbrechen, mit denen du gelebt hast?

Schritt für Schritt. Richte deinen Blick auf das große Bild und dein großes Ziel und fokussiere dich auf die kleinen Dinge, die du täglich tun kannst und die dich in der Summe an dein Ziel bringen werden.

Und denke daran: Häufig geschieht ein Durchbruch entgegen aller Logik. Brich aus deinen Beschränkungen aus, indem du es dir angewöhnst, das Unlogische zu tun!

Was musst du an deiner täglichen Routine ändern, um den Weg zu einem Quantensprung einzuschlagen?

Deine morgendlichen Gewohnheiten sind ein wichtiger Teil deines Lebens, den du dir jetzt genau anschauen solltest. Wenn du etwas an dir und deinen Resultaten ändern willst, musst du darauf achten, womit du dich am Beginn des Tages beschäftigst, denn das ist die Grundlage von allem.

Nimm dir jeden Morgen fünf Minuten Zeit, um dein Ziel aufzuschreiben, inklusive aller Details. Verwende dafür die Gegenwartsform und erzeuge in dir ein starkes Gefühl der Erwartung. Dadurch kommt eine für das bloße Auge unsichtbare Anziehungskraft in Gang.

Vor dem Einschlafen denkst du dann als Letztes an dein Ziel, und am Morgen beim Aufwachen gleich wieder als Erstes. Nimm dir die Zeit, um die Augen zu schließen und in das Gefühl hineinzuatmen, dass du deine Ziele bereits erreicht hast.

Es spielt keine Rolle, ob dir die ganzen hierbei aktivierten wissenschaftlichen und spirituellen Prinzipien bewusst sind oder nicht, aber Eines musst du verstehen: Auf diese Weise rufst du Veränderungen in deinem Leben hervor! Stoppe deinen Unglauben und vertraue dem Prozess.

Im Anschluss an diese Übung solltest du dir dann jeden Morgen zwei Gewohnheiten notieren, die zum Bestandteil deines neuen Paradigmas werden sollen, und dann jeden Tag daran arbeiten, bis sie zu deiner neuen Routine werden. Beginne am besten mit etwas, das dir ein rasches Erfolgserlebnis schenkt. Das kann so etwas Einfaches sein, wie jeden Tag gleich nach dem Aufstehen dein Bett zu machen.

Wenn die Aufgabe zu Beginn überschaubar bleibt, wirst du wahrscheinlich dranbleiben und erhältst so einen ersten Eindruck von der nötigen Disziplin. So wie dein Glaube wächst, so wächst auch dein Vertrauen in die Vorstellung, dass du das Steuer in der Hand hältst – so kannst du größere Veränderungen anstoßen.

Bleibe beharrlich. Es kann eine Woche, einen Monat oder auch ein Jahr dauern. Die Zeit vergeht ja sowieso, also kannst du sie auch zu deinem Vorteil nutzen. Durch Wiederholung lässt sich jedes Paradigma verändern. Verpflichte dich zu diesen Wiederholungen. Und denke daran: Der Energiefluss folgt deinem Fokus.

Fange jetzt gleich damit an. Dein zukünftiges Selbst wird dir dafür danken.

NOTIZEN :

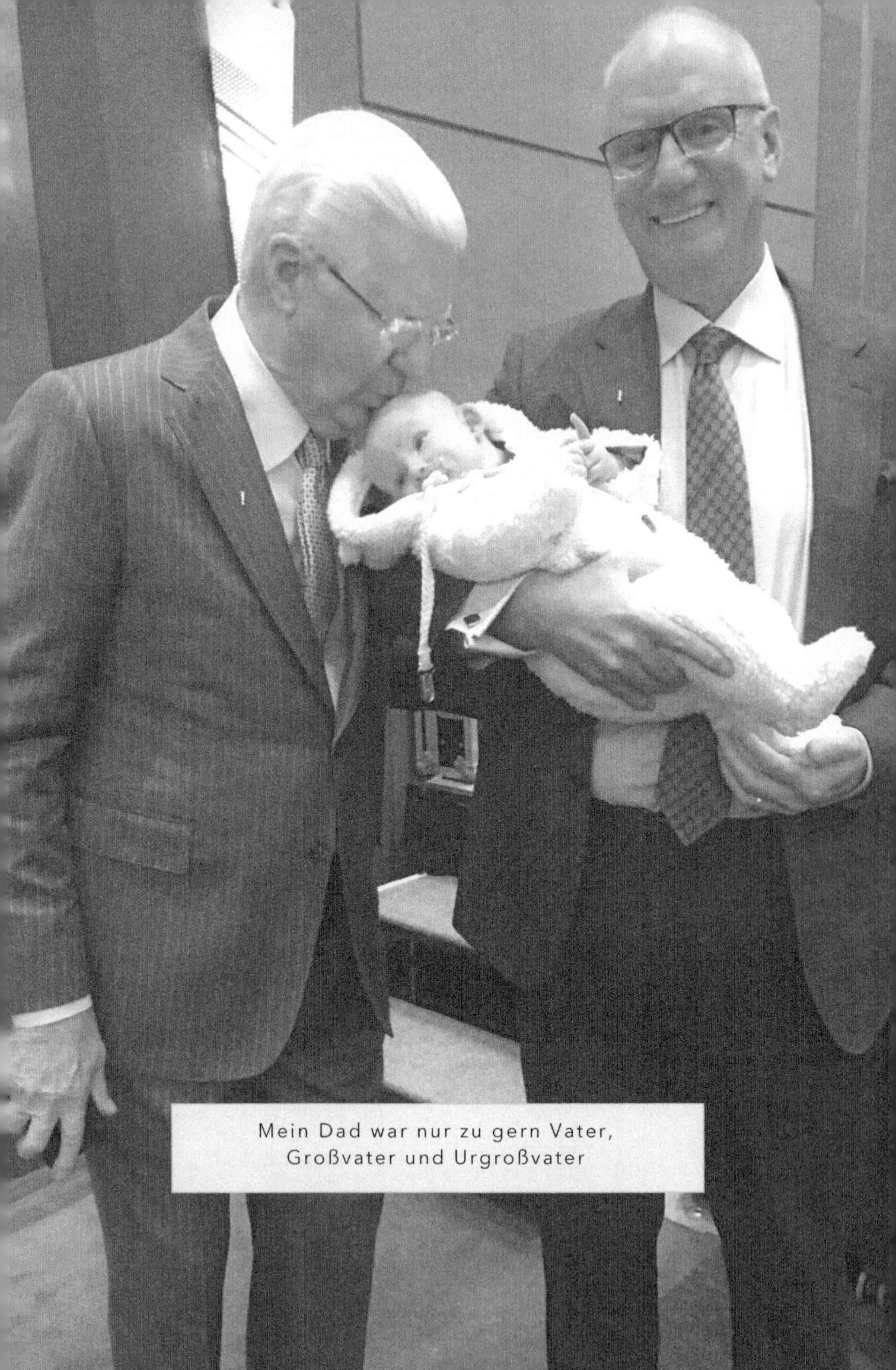

Mein Dad war nur zu gern Vater,
Großvater und Urgroßvater

KAPITEL 12

ANDERE UNTERSTÜTZEN

Präsent sein

„Lass die Vergangenheit los und genieße den Moment."
– Bob Proctor

In den ersten Jahren meines Lebens, als mein Dad damit beschäftigt war, ein neues Unternehmen aufzubauen und für seine Familie zu sorgen, nahm er sich dennoch immer die Zeit, ganz für uns da zu sein. Wir spielten draußen Fangen und an vielen Wochenenden bauten wir im Garten unseres Hauses in Chicago gemeinsam an unserem Baumhaus. Ob am Tag oder in der Nacht, ich hatte immer das Gefühl, dass mein Dad mich wahrnahm und schätzte, und obwohl ich noch klein war, spürte ich seine volle Aufmerksamkeit.

In den Videos zu *You were born rich* sagte Dad mit einer Sanduhr in der Hand: „Du weißt nicht, wie viel Zeit dir noch bleibt, und was weg ist, ist weg; das Einzige, was wir haben, ist genau hier und jetzt, denn der Sand hört nie auf zu rinnen. Das ist alles, was wir haben, und über vergangene Ereignisse nachzudenken oder uns über die Zukunft zu sorgen führt unter

Garantie dazu, dass wir gar nichts verändern. Wir haben nur das Hier und Jetzt."

Diese Lektion hat uns Dad beigebracht, als meine Geschwister und ich noch Teenager waren. Vielleicht liegt dies daran, dass einer seiner Freunde mit 16 Jahren bei einem Autounfall ums Leben kam. Wenn man diesen jungen Mann am Morgen seines Todes gefragt hätte, wie lange er noch leben würde, hätte er sicher geantwortet: „Noch ziemlich lange." Dieser Todesfall hat meinen Vater für sein Leben geprägt. Er sprach oft darüber, wie er dadurch gelernt hatte, stets das Hier und Jetzt zu genießen.

Im Sommer nahm mich mein Dad immer auf seine Geschäftsreisen mit, damit ich ihn auf vielerlei Weise unterstützen konnte. Er wollte aber auch, dass ich mich mit seinen Inhalten vertraut mache. Ich erinnere mich gern an unsere gemeinsamen Reisen im Auto und Flugzeug. Er sorgte dafür, dass ich das Gefühl bekam, etwas zum Ganzen beizutragen. Ich durfte an Gesprächen mit einflussreichen Personen teilnehmen und er zeigte mir, dass er mich wichtig nahm. Häufig fragte er mich nach meiner Meinung zu einem Thema oder wollte wissen, was ich an einem Tag gelernt hatte.

In jenen frühen Jahren lernte ich, wie wichtig Beziehungen sind. Ich bekam mit, wie mein Dad unterwegs mit den Menschen umging und wie er dafür sorgte, dass jeder, dem er begegnete, sich anschließend besser fühlte.

Ich begann mit dem Entwurf für dieses Kapitel, als ich im Jahr 2019 gerade Linda und Dad in Toronto besuchte. Sofort nach dem Aufwachen zog ich mich jeden Morgen schnell an und ging hinüber ins Wohnzimmer, wo mein Dad bereits auf mich wartete. Diese Morgenstunden waren „unsere Zeit". Die Sonne war noch nicht aufgegangen und niemand sonst war schon wach.

Ich schenkte meinem Dad Kaffee nach und auch mir selbst eine Tasse ein. Er begrüßte mich mit einem warmen Lächeln und einer sanften Berührung. Dann saßen wir schweigend am Tisch nebeneinander. Dad las in Denke nach und werde reich, so wie er es jeden Morgen getan hatte, solange ich zurückdenken kann, und ich beschäftigte mich mit dem Schreiben der Zeilen, die du jetzt in Händen hältst.

Wir empfanden nie das Bedürfnis, die Stille mit Worten zu füllen. Wie ich so neben ihm saß, konnte ich seine liebevolle Energie spüren. Und er spürte meine.

Als dann eine Unterhaltung in Gang kam, fragte er mich zuerst nach diesem Buch. In seinen Fragen zeigte sich sein echtes Interesse; er hörte aufmerksam zu und gab mir Anregungen. Er war in unserem Gespräch völlig präsent.

Beim Formulieren dieses Texts muss ich immer an das Bild meines Dads denken, wie er die Sanduhr hält mit den Worten, dass wir keine Ahnung haben, wie viel Zeit uns noch bleibt. Diese Lektion wirkt heute auf mich ganz anders und in Wahrheit enthält dieses Beispiel gleich mehrere davon.

Jeder wusste, dass mein Vater 87 war und nicht ewig leben würde, aber wir konnten uns unmöglich eine Welt ohne ihn vorstellen. Das galt besonders, wenn man mit ihm zusammen war. Selbst als es ihm am Ende sehr schlecht ging, blieb er vollkommen präsent. Er blieb stets hilfsbereit und interessiert, immer neugierig und voller Leidenschaft.

Es fiel einem leicht, das Wissen beiseite zu schieben, dass sich sein Gesundheitszustand verschlechterte – und sich stattdessen der Vorstellung hinzugeben, dass er der Welt auch weiterhin viel geben würde. Und dass er am anderen Ende der Telefonleitung ist, wenn ich ihn jeden Morgen anrufe.

Aber leider ist das nicht der Fall. Er ist zwar nicht mehr körperlich anwesend, aber er ist da. Er beeinflusst immer noch die Welt.

Er existiert in dem Mann, der ich bin. Ich sehe ihn in meinen Kindern und Enkelkindern, und ich höre ihn in seinen vielen Kunden und in den von ihm geschulten Beratern. Dad hat die Welt verändert. Und jeder in der Familie tut es ihm gleich, indem wir seine Botschaft leben und weitergeben.

In meinem Schlafzimmer steht ein Sessel, von dem aus ich auf den Meeresarm Puget Sound hinausblicken kann. Es ist der Ledersessel, den mein Dad so sehr liebte. Immer wenn er uns in Florida besuchte, war das „sein" Sessel. Genau darin sitze ich jetzt, um Eingebungen zu empfangen. Ich lasse meinen denkenden Verstand in den Hintergrund treten, damit ich aus einer Quelle empfangen kann, die größer ist als ich selbst. Hier sitze ich nun und spreche mit meinem Vater.

ÜBERLEG MAL ...

Auf welche Weise bringst du dich ins Hier und Jetzt, um auch dort zu bleiben?

Für jeden von uns gibt es eine jeweils eigene Antwort darauf, aber es existiert ein Grundkonzept, mit dem sich der Lärm stoppen lässt:

1. *Beobachte ganz bewusst dein Denken und Tun.*
2. *Halte inne und nimm deine Umgebung wahr.*
3. *Fokussiere dich ganz bewusst auf eine einzige Sache.*
4. *Bringe alle äußeren Ablenkungen zum Schweigen.*
5. *Jetzt geht es um dein Sein und nicht um dein Tun.*
6. *Atme*

NOTIZEN :

Gut über andere sprechen

*„Es ist egal, wo du gerade bist.
Im Vergleich zu dem, was du alles erreichen kannst,
bist du nirgendwo."
– Bob Proctor*

Bei unseren morgendlichen Unterhaltungen sprachen wir ganz bewusst nur gut über die Menschen in unserem Leben. Im Lauf der Jahre fand ich dafür den Ausdruck „gut hinter ihrem Rücken sprechen". Ich nannte einen Namen und schlug vor, hinter ihrem Rücken gut über diese Person zu sprechen. Das gefiel meinem Dad natürlich sehr.

Oft meinte er zu mir: „Den Charakter eines Menschen kann man immer daran erkennen, wie er über eine Person spricht, die gerade nicht anwesend ist. Achte auf die Worte der Menschen und halte dich aus Gesprächen raus, die einer Person negative Energie senden."

Viel zu häufig lassen sich die Leute auf Gespräche ein, die sich nur um trivialen Klatsch und Tratsch drehen. Es ist niemals gut, sich in eine solche Energie hineinziehen zu lassen. Sei doch lieber jemand, der gut über Abwesende spricht, und achte darauf, wie du dich dabei fühlst. Du wirst bemerken, dass dies auch deinen Gesprächspartnern guttut. Du fühlst dich wohler und deine Gesprächspartner auch. Die positive Energie, die du dabei ausstrahlst, wird auf überraschende Weise zu dir zurückkehren.

Manchmal erkennst du nicht mal den Zusammenhang. Aber irgendwann siehst du ihn … und dann weißt du, dass dein Glaube und dein Verhalten völlig übereinstimmen. Das ist eine großartige Art zu leben, denn dann befindest du dich in einem konstanten Fluss des Guten – des Guten, das du aussendest, und des Guten, das zu dir zurückströmt.

Der Autor und Redner Mike Dooley meinte dazu: „Gedanken werden zu Dingen und deine Worte sind deine Flügel.“ Als ich das hörte, wurde ich hellwach.

Achte auf die Worte, die du sprichst. Wie Mike sagt: Sie sind deine Flügel. Sie können dich hoch emportragen oder auch dorthin bringen, wo du gar nicht hinwillst.

Manchmal schickte ich im Anschluss an die Unterhaltung mit meinem Dad eine Nachricht an die Person, über die wir gerade gut gesprochen hatten. Dabei ging ich nicht ins Detail, es waren einfach nur liebe Gedankenanstöße, denn schon eine Kleinigkeit kann einen Tag zum Besseren wenden.

Neulich erhielt ich einfach so eine Nachricht, die genau das für mich bewirkte. Darin stand, dass die Absenderin und ihr Mann gerade gut über mich gesprochen hatten. Was für eine wunderbare Nachricht! Sie bedeutet für mich, dass jemand mir zugehört und bewusst beschlossen hat, diese Idee umzusetzen.

Wenn ich vor einer Gruppe spreche, erwähne ich ab und zu die morgendlichen Unterhaltungen mit meinem Dad. Ich freue mich immer sehr, wenn ich die Augen der Zuhörer bei dem Vorschlag aufleuchten sehe, sich es zur Gewohnheit zu machen, über Abwesende nur positiv und liebevoll zu sprechen.

Letzte Woche las ich einen fantastischen Post der Sängerin und Songwriterin Pink. Sie schrieb: „Ich schlage allen, die dies hier lesen, eine weltweite Internet-Challenge vor. Halte einen ganzen Tag durch, ohne jemanden online zu kritisieren."

Pink hat eine Masse von Followern und ihr Post hat an diesem Tag vielleicht Tausenden von Menschen viel bedeutet. Und selbst wenn er nur einer einzigen Person wichtig war – Pink hat etwas bewegt. Denn diese eine Person wird wiederum andere beeinflussen. Stelle dir nur mal einen Moment lang vor, wie die Welt aussehen würde, wenn wir alle mit dieser Einstellung leben.

Ich will auf die Welt durch die Kraft meines Beispiels einwirken. Wenn wir zuerst an uns selbst arbeiten, werden wir durch unser Vorbild auch andere beeinflussen – eine Person nach der anderen. Das ergibt eine unendliche mögliche Reichweite.

Mir gefällt dieses wunderschöne Zitat von Mahatma Gandhi:

„Wenn wir uns selbst ändern könnten,
würden sich auch die Tendenzen in der Welt ändern.
Wenn ein Mensch seine eigene Natur ändert,
ändert sich auch die Einstellung der Welt ihm gegenüber.
Wir brauchen nicht abzuwarten, was andere tun."

ÜBERLEG MAL …

Wie verhinderst du, dich in negativem oder sinnlosem Geschwätz zu verlieren?

Niemand ist immun dagegen, aber wenn du aufmerksam bleibst, bekommst du es sehr viel schneller mit und kannst das Gespräch in eine andere Richtung lenken – oder einfach weggehen. Der ethisch richtige Weg ist nicht immer leicht, aber er ist immer der beste.

Überlege dir,
ob du es dir nicht auch angewöhnen willst,
gut über andere zu sprechen.
Dieses Vermächtnis von Bob Proctor
wird nicht aufhören, die Welt verändern.

Beginne diese Übung am besten mit einer guten Freundin oder einem guten Freund. Viel Spaß dabei!

NOTIZEN :

Das Gefühl von Wachstum

„Du solltest auffallen wie ein Leuchtfeuer i
n der dunklen Nacht!
Überlege dir, auf welche Weise
du die Welt positiv beeinflussen willst."
– Bob Proctor

In den späten 1980er Jahren, als ich Immobilienverkäufer war, nahm ich in Palm Springs an einer großen Schulungsveranstaltung teil. Im Verlauf der Veranstaltung bat mich der Redner auf die Bühne. Ich hatte keine Ahnung, worum es ihm ging, und war echt überrascht. Damit hatte ich nicht gerechnet.

Als ich auf der Bühne stand, wollte er von mir wissen, warum ich meiner Meinung nach vom Start weg so erfolgreich in diesem Geschäft war. Ich dachte einen Moment lang nach und dann dämmerte es mir. Ich hatte mir etwas zur Gewohnheit gemacht, das mir mein Vater in meiner Kindheit beigebracht hatte.

Wir waren gerade nach Chicago gezogen, als ich mit neun Jahren in die vierte Klasse kam. In meinem jungen Alter waren wir schon öfter umgezogen – von Toronto nach London und dann wieder zurück in verschiedene Stadtviertel von Toronto – und es war mir unangenehm, wieder einmal der Neue in der Klasse zu sein. Ich machte mir Sorgen, wie mich die Klasse wohl aufnehmen würde.

Ich weiß noch, wie ich in unserem neuen Wohnzimmer in der Maplewood Lane in Glenview, Illinois, mit meinem Dad darüber sprach. Der Ratschlag, den er mir vor all den Jahren gab, beeinflusst bis heute, wie ich mit meinen Mitmenschen umgehe.

Er nannte die Lektion, die ich an jenem Tag lernte, „das Gefühl von Wachstum". Dabei geht es darum, dafür zu sorgen, dass jeder Mensch, mit dem du in Kontakt kommst, sich hinterher besser fühlt.

Mein Dad schlug vor, dass ich ab meinem ersten Tag in der neuen Schule jedes Mal, wenn ich mit jemandem sprach, mir vorstellen sollte, dass auf der Stirn meines Gegenübers fünf Buchstaben zu sehen waren:

„I W M W F" („Ich will mich wichtig fühlen").

Diese Abkürzung sollte mich daran erinnern, stets präsent und interessiert zu sein. Und er fügte hinzu: „Es ist sehr viel besser, interessiert als interessant zu sein."

Er ermunterte mich, in einem Gespräch den Augenkontakt zu suchen und sinnvolle Fragen zu stellen. Er fügte noch hinzu, dass man dabei authentisch sein muss. Das geht nur, wenn wir uns auf unseren Gesprächspartner konzentrieren, ohne darüber nachzudenken, was wir als Nächstes über uns selbst sagen wollen. Dann erklärte er mir noch, was es heißt, sein Ego beiseitezuschieben, und dass mein Gesprächspartner sich schon noch für mich interessieren wird, sobald er sich in meiner Gegenwart wohlfühlt.

Er sagte zu mir: „Brian, in jedem steckt etwas Gutes. Bei manchen muss man etwas genauer hinschauen, aber es ist immer da, und wenn du danach Ausschau hältst, wirst du es auch finden. Und wenn du es siehst, dann sei dir bewusst, dass es nur das Gute in dir selbst widerspiegelt."

Als ich mich dann ganz bewusst so verhielt, merkte ich sofort, dass ich ganz einfach neue Freundschaften schloss und sich die anderen in meiner Gegenwart wohlfühlten.

Auf die mir auf der Bühne gestellte Frage, warum ich so erfolgreich war, hatte ich daher eine ganz klare Antwort parat. Es lag an dem Gespräch im Wohnzimmer mit meinem Dad, als ich neun Jahre alt war. Das Werkzeug, das er mir damals an die Hand gab, hielt ich für sehr sinnvoll, und seitdem hat die Abkürzung IWMWF mein gesamtes Leben geprägt; so verhalte ich mich ganz automatisch.

Als ich an jenem Tag auf der Bühne stand, begriff ich, dass hier der Grund zu suchen war für meinen sofortigen und dauerhaften Erfolg im Immobiliensektor sowie in meinem ganzen Leben. Im Anschluss an diese Erkenntnis beschloss ich, „das Gefühl von Wachstum" ganz bewusst zu meiner Mission zu machen.

Bis dahin hatte ich dieses Tool mit unbewusster Kompetenz verwendet, aber jetzt erkannte ich, dass ich seine Kraft noch viel besser nutzen kann, wenn ich es ganz bewusst einsetze.

Um damit erfolgreich zu sein, musst du jedem Menschen dasselbe wünschen, das du dir auch selbst wünschst, und damit dir dies auf authentische Weise gelingt, musst du dich selbst lieben und respektieren.

Die Bedeutung der Selbstliebe zieht sich durch dieses Buch wie ein roter Faden. Und zwar mit voller Absicht.

Ich habe gelernt, dass Selbstliebe mit das Wichtigste ist, was du je für dich tun kannst. Wenn du den Menschen verstehst, schätzt und liebst, der du bist, dann wirst du Respekt vor dir selbst entwickeln. Du wirst entdecken, wie interessant, kreativ und liebenswert du bist, und das wird dein Leben verändern. Und indem du dein Leben veränderst, verwandelt sich auch das Leben der Menschen in deiner Nähe. Je mehr wir uns selbst lieben, umso mehr können wir auch andere lieben und akzeptieren. Mit dieser Grundlage wird uns jede Art von Erfolg leichter fallen.

ÜBERLEG MAL …

Selbstliebe ist die Grundlage,
auf der alles andere aufbaut.

Das Geplapper in deinem Gehirn wird liebevoller und geduldiger, wenn du dich darin übst, gut zu dir selbst zu sein.

Zu was willst du dich verpflichten, damit die Menschen, mit denen du heute zu tun hast, sich hinterher besser fühlen?

Das braucht gar nicht kompliziert zu sein, aber du merkst vielleicht sehr schnell, dass diese Idee gar nicht so leicht umsetzbar ist, wie es scheint.

Betrachte dies als Herausforderung, ohne dich selbst zu verurteilen. Registriere einfach, wo deine Schwierigkeiten liegen, und mache dir bewusst, dass du in diesem Aspekt deines Lebens eben mehr Disziplin und Übung benötigst.

Jeder Mensch will wahrgenommen werden. Mit der Übung „IWMWF“ kannst du vielleicht schon heute das Leben eines Menschen positiv beeinflussen:

1. *Suche den Augenkontakt.*
2. *Lächle.*
3. *Leg dein Telefon beiseite.*
4. *Schau nicht im Raum umher.*
5. *Hör deinem Gegenüber zu.*
6. *Stelle Fragen.*
7. *Das kann so etwas Einfaches sein wie ein ehrliches Kompliment, das zeigt, dass du aufmerksam bist.*
8. *Unterbrich deinen Gesprächspartner nicht.*

Höre mit echter Neugier zu, wähle ehrliche Worte und verhalte dich mit Integrität, wenn du die Übung „IWMWF“ anwendest.

NOTIZEN :

Wer gibt, gewinnt

„Du solltest bereitwillig geben und wohlwollend empfangen. Was du für andere tust, das tust du für dich selbst."
– Bob Proctor

Gibst du gern? Diese Frage stellte Bob Proctor sehr häufig. Wenn ich dabei zusah, wie mein Dad den Menschen bereitwillig etwas schenkte, fiel es den meisten sichtlich schwer, seine Großzügigkeit anzunehmen. Er nutzte diesen Moment der Verlegenheit, um darauf hinzuweisen, dass man gern geben muss, um auch gut entgegennehmen zu können. Es sind zwei Seiten ein und derselben Sache.

Das brachte mich – und jeden anderen, dem mein Dad diese Frage stellte – oft zum Nachdenken: „Gebe ich gern? Gebe ich bereitwillig von meiner Zeit, meiner Energie, meinen Ressourcen und meiner Aufmerksamkeit?"

Das Geben war für meinen Vater ein Lebensstil und er hatte keinerlei Erwartungshaltung an die Beschenkten. Denn sonst wäre es für ihn ein Handel gewesen. Er sagte, dass das Gute zu einem zurückkommt, wenn man etwas Gutes in das Universum hinaus sendet. Wir können nie wissen, woher das Gute kommen wird – aber es wird kommen. Er hatte ein unerschütterliches Verständnis für dieses Prinzip.

Von John David Mann und Bob Burg stammt das Buch *Der Go-Giver*. Gerüchten zufolge geht die Figur Pindar im Buch auf meinen Vater zurück, Und als ich es las, fand ich auch, dass Pinda sehr wohl Bob Proctor sein könnte. Mein Dad lebte sein Leben lang nach der Maxime Wer gibt, gewinnt. Mit seinem Beispiel hat er das Leben vieler Menschen verändert.

Bei einem unserer Morgengespräche fragte ich ihn nach dem Prinzip des Gebens. Darin war er wirklich unglaublich gut. Seine Antwort war ganz einfach und ich hatte sie schon mein Leben lang gehört. Hier ist sie Wort für Wort:

„Das Geben ist eines der Gesetze des Universums. Wir müssen bereitwillig geben und wohlwollend empfangen. Wenn du erst nachdenken musst, bevor du etwas gibst, ist das bloß ein Handel, aber kein Geben. Durch das Geben entsteht eine Energie, die zu dir zurückkehren wird. Du wirst vielleicht nie wissen, woher das Gute kommen wird, aber es wird kommen."

Ohne Frage liegt im Wachstum das natürliche Bestreben des Lebens, sich Ausdruck zu verschaffen. Wenn du daher ehrlich danach strebst, den Menschen ein Gefühl von Wachstum zu vermitteln, dann werden sie schnell erkennen, dass sie sich durch den Kontakt mit dir einfach besser fühlen. Was du für andere tust, das tust du für dich selbst.

Andere zu lieben bedeutet auch, sich selbst zu lieben.

Ich kann mir gut denken, warum mein Vater so gut im Geben war. Er hat es durch das Vorbild seiner Mutter gelernt.

Als er während des Zweiten Weltkriegs noch ein kleiner Junge war, kämpften die meisten Männer im Krieg. Mein Vater, seine Schwester und sein Bruder lebten mit ihrer Mutter und ihrer Großmutter in einer ärmlichen Gegend von Toronto. Die meisten Leute kamen gerade so über die Runden.

Dad erzählte oft diese Geschichte: Eines Tages berichtete er seiner Mutter, als er von der Schule nach Hause kam, von einer Familie weiter unten in der Straße, die keine Kohle mehr hatte – und sich aus Geldmangel auch keine kaufen konnte. Das war im tiefsten Winter in Toronto; damals in den 1940er Jahren gab es fast überall noch Kohleöfen. Bei den tiefen Temperaturen war es sehr gefährlich, keine Kohle mehr zu haben.

Meine Großmutter kannte die Familie gar nicht, aber sie holte sofort die Dose vom Kühlschrank, in der sie ihre bescheidenen Ersparnisse aufbewahrte. Sie gab meinem Dad einen Zwanzig-Dollar-Schein und trug ihm auf, ihn im Laden an der Ecke in zwei Zehner wechseln zu lassen und dann der Familie zehn Dollar zu geben, damit sie sich eine Tonne Kohle kaufen konnte.

Sie hatte nicht viel Geld und diese zehn Dollar hätten ihr auch sehr dabei geholfen, ihre eigene Familie durchzufüttern. Und doch war sie bereit, einer Familie zu helfen, die sie nicht einmal kannte.

Mein Vater wurde als kleiner Junge Zeuge dieser selbstlosen Tat und das verschaffte ihm einen Eindruck davon, was wirkliches Geben bedeutet. Die zehn Dollar haben für diese Familie einen Riesenunterschied ausgemacht. Dieses Verhalten seiner Mutter löste etwas in ihm aus, das sein ganzes Leben lang in ihm wachblieb.

Er wurde durch diese liebevolle Großzügigkeit geprägt.

Jeder, der Bob Proctor näher kannte, würde ihn auf die eine oder andere Weise als großzügig beschreiben.

Mein Dad brachte mir bei, von Herzen zu geben und anderen mit Freundlichkeit zu begegnen – und zwar nicht, weil diese herzensgut sind, sondern weil ich es bin. Auch du kannst dich für diese Lebensweise entscheiden.

Da wir gerade über das Geben und Entgegennehmen nachdenken, möchte ich gern eine Nachricht mit dir teilen, die mein Vater im Jahr 2014 an meine Frau Cory geschickt hat, mit der Bitte, sie jeden Tag gleich nach dem Aufwachen zu lesen. Vielleicht erkennst du dich ja darin wieder und seine Worte helfen auch dir weiter.

> *„Cory, beim Aufwachen habe ich an dich gedacht. Ich denke … du bist eine großartige Mutter … und gehst alles auf die gleiche Weise an. Du achtest darauf, allen deinen Pflichten äußerst gut nachzukommen. Ich denke aber auch, dass du es dem Universum nicht erlaubst, dich angemessen zu belohnen. Du bist eine wahrhaft außergewöhnliche Frau, Cory, und ich wünsche mir, dass du in deinem Leben wundervolle Dinge erwartest. Erwarte, dass jeder Aspekt deines Lebens sich so gut entwickelt wie deine Kinder. Du wolltest, dass sie sich sehr gut entwickeln, und hast erwartet, dass es genauso geschieht; ich erkenne das an der Art und Weise, wie du über Emma und Spencer sprichst. Aber immer wenn ich dir etwas geben wollte, fiel es dir offensichtlich schwer, mein Geschenk anzunehmen. Ich würde mich so freuen, wenn du dir bewusster machst, was für ein wahrhaft wundervoller Mensch du bist, und von nun an erwartest, dass das Universum dich reichlich belohnt. Du tust bereitwillig sehr viel, aber du nimmst nichts wohlwollend entgegen. Das wirkt fast so, als ob du dir denkst: ‚Oh nein, ich hab' das alles ja gar nicht verdient.' Du bist ein wundervoller Mensch – mach dir dies bewusst und erwarte sehr viel Gutes in deinem Leben. Das sind meine Gedanken, Cory, und ich wollte, dass du sie erfährst. Und du weißt ja inzwischen, dass ich bei diesen verborgenen Dingen immer richtigliege. ;-)*
>
> *Jetzt stelle ich mir vor, wie du aufwachst, meine Nachricht liest, sie auf dich wirken lässt und dir allmählich bewusst machst, welch enormen inneren Reichtum du besitzt. Öffne dich für all das Gute, das auf dich wartet. Erwarte die Fülle!*

Du musst erkennen, was für mich so offenkundig ist, und du musst an diesem Paradigma arbeiten. Nimm dir dafür immer ein paar Minuten Zeit, bevor du in deinen Tag startest. Setz' dich entspannt hin und geh' deine Dankbarkeitsliste durch, und als Erstes solltest du dankbar sein, dass du erkennst, welche reine Schönheit aus deinem Inneren erstrahlt. Lass dies auf dich wirken und sei dafür dankbar.“

– Bob Proctor

ÜBERLEG MAL ...

Gibst du gern?

Du wirst vom Geben noch mehr haben, wenn es dir dabei um deine Verbindung zu den Menschen geht und nicht unbedingt darum, dich selbst gut zu fühlen.

Beim Geben wirst du auch bemerken, dass das Gute auf unerwartete Weise zu dir zurückfließt und dass dadurch dein Vertrauen in diesen natürlichen, gesetzmäßigen Vorgang weiter zunimmt.

Kannst du wohlwollend empfangen?

Geben und Empfangen sind zwei Geschwisterenergien, die sich in unserem Leben ständig abwechseln, und wir alle bekommen die Gelegenheit, beide Seiten dieses Austauschs zu erfahren. Das wohlwollende Entgegennehmen gleicht einer von den universellen Gesetzmäßigkeiten inszenierten Tanzdarbietung. Wenn du nicht wohlwollend empfangen kannst, stiehlst du dem Schenkenden die Gelegenheit, dir etwas zu geben.

Achte mal darauf, wie du dich fühlst, wenn du ein unerwartetes Geschenk erhältst.

Denke an einen Moment zurück, als du einem Menschen deine Unterstützung angeboten hast.

Wie hast du dich dabei gefühlt? Entstand eine authentische Verbindung von Herz zu Herz? Wenn du diese Verbindung spürst, hast du dich der menschlichen Erfahrung angeschlossen. Stelle dir vor, dieses Gefühl immer öfter zu spüren.

Es gibt viele Wege, um zu geben

Du kannst auf vielfältige Art und Weise geben und so das Leben der Menschen bereichern.

1. *Sende freundliche Gedanken voller Mitgefühl und guten Wünsche an alle, die sie gut brauchen können.*
2. *Rufe eine Person an, nur um zu hören, wie es ihr geht.*
3. *Schenke jedem Menschen, der dir begegnet, ein Lächeln.*
4. *Verschenke Dinge, die du nicht mehr brauchst.*
5. *Biete eine kostenlose Dienstleistung an.*
6. *Engagiere dich ehrenamtlich für Bedürftige.*

Dir fallen ganz sicher noch viel mehr Möglichkeiten ein, wie du den Tag eines Menschen verschönern kannst. Erstelle dir eine Liste und überlege dir, was du deinen Mitmenschen alles zu bieten hast.

Welches Vermächtnis willst du hinterlassen?

Letztendlich wird man dich für etwas kennen. Was soll das sein? Was möchtest du gern für deine Mitmenschen tun? Einen Dienst zu erweisen, der über uns selbst hinausreicht, verleiht unserem Leben Sinn und Ausgewogenheit.

Um wahre Erfüllung zu erfahren, müssen wir beständig wachsen und bereit sein, unser Leben nicht nur auf uns selbst zu beschränken.

NOTIZEN :

Gina

„Gina Hayden hat dafür gesorgt, d
ass ich immer in der Spur bleibe.

Ohne sie hätte ich es nicht geschafft."
– Bob Proctor

Dieses Buch wäre nicht vollständig, ohne etwas über diese außergewöhnliche Frau zu erfahren. Über 36 Jahre lang arbeitete Gina Hayden direkt mit meinem Vater zusammen. Sie ist für mich wie eine Schwester und ich freue mich, sie eine liebe Freundin nennen zu können.

Warum ich sie hier erwähne? Aus zwei Gründen.

Erstens hat Gina mehr als jeder andere Mensch Bob Proctor fast seine gesamte Karriere lang dabei unterstützt, seine Botschaft auszuformulieren. Viele seiner Programme, an denen wir uns alle erfreuen, haben beide gemeinsam entwickelt.

Und zweitens war es kein Zufall, dass sie über einen so langen Zeitraum meinem Dad zur Seite stand.

Auf der Bühne sagte er oft: „Wenn du ein Geschäft hast und es erfolgreich voranbringen willst, dann brauchst du eine Gina."

Im Lauf der Jahre kamen einige Menschen mit den Worten „Ich hab' meine Gina gefunden" auf uns zu.

Was bedeutet das? Dad war überzeugt, dass wir jemanden an unserer Seite brauchen, der den Überblick behält, wenn wir hochproduktiv sein wollen. Für meinen Dad war Gina diese Person.

Nur selten habe ich einen Menschen gesehen, der organisierter und effizienter ist als sie. Im Verlauf ihrer über 36-jährigen Zusammenarbeit entstand zwischen den beiden eine sehr enge Bindung. Diese war so eng, dass Bob sie bei ihrer Hochzeit zu ihrem am Traualtar wartenden Bräutigam geleitete. Es war ein wunderschöner Moment.

Du kannst dir sicher vorstellen, dass Gina sich im Verlauf dieser 36 Jahre auch allen möglichen anderen Dingen hätte widmen können. Aber sie entschied sich dafür, zu bleiben und mit Bob Proctor zusammenzuarbeiten. Dies ist ein Beleg für seine Art, wie er mit Menschen und insbesondere mit Gina umging.

Als ich Gina bat, einen Beitrag zu diesem Buch zu verfassen, stiegen ihr die Tränen in die Augen. Weißt du, Gina gehört zur Familie, und so wie das Leben von uns allen wurde auch das ihre durch Bob Proctor geprägt, aber das ihre sogar am stärksten, da sie seine engste Mitarbeiterin war.

Ginas Perspektive ist einzigartig. Sie beobachtete seine Denkweise und durfte mitverfolgen, wie sich sein kreatives Genie entfaltete.

Mein Bob

Dass Brian mich bat, diesen Beitrag zu schreiben, bedeutet mir mehr, als ich in Worte fassen kann.

Bob Proctor wurde international dafür bekannt, einer der größten Vordenker unserer Zeit zu sein. Er reiste auf der ganzen Welt umher, um den Menschen aufzuzeigen, wie sie mehr sein, tun, haben und geben können. Aber ich glaube, eines gelang ihm besser als jedem anderen: Er lehrte die Menschen, dass die Fülle ihr Geburtsrecht ist und sie ihr Leben ohne Schuldgefühle oder Verurteilungen genießen sollen, in Dankbarkeit für alles.

Um mich vorzustellen, ich lernte Bob Proctor 1985 kennen, als ich in Toronto arbeitete. Unser Vorstand hatte Bob gebeten, uns bei der Geldbeschaffung für unsere Turnvereine zu helfen. Seine Nichte war Leistungssportlerin in einem unserer Vereine und so sagte Bob sofort zu. Ich erinnere mich nicht daran, ihm bei dem Event begegnet zu sein, aber er signierte ein Buch für jeden Mitarbeiter. Zu diesem Zeitpunkt kannte ich keinen Autor und besaß mit Sicherheit kein signiertes Werk. Durch die Events mit Bob konnten wir viel Geld einnehmen. Erst später erfuhr ich, dass er für die drei „Abende mit Bob Proctor" kein Honorar verlangt hatte. Damals konnte ich nicht ahnen, dass dies der Beginn einer wunderbaren Beziehung war.

Im Juli 1986 erhielt ich einen Hilferuf von dem Mann, der ein Jahr zuvor Bob Proctor in die Turnergemeinde gebracht hatte. Inzwischen war er sein Mitarbeiter geworden. Ich war gerade auf der Suche nach einem Job und er fragte mich, ob ich nicht für jemand einspringen könnte. Mein Vorschlag war, dass ich für ein paar Wochen dort arbeite, bis sie jemand Neues für die Position gefunden haben. Nun, aus zwei Wochen wurden über 36 Jahre!

Erst im Rückblick erkannte ich, was für ein außergewöhnlicher Mensch Bob Proctor war. Und obwohl ich im Laufe der Jahre Zeugin seiner Menschlichkeit, Güte und Selbstlosigkeit geworden war, blieb er einfach „mein Bob“! Er war für mich alles und eine Tüte Chips obendrein!

In den nächsten Abschnitten präsentiere ich dir einige der Lektionen, die ich über die Jahre gelernt habe. Bob lehrte durch sein Vorbild!

Du kannst nie zu viel geben. *Ich glaube kaum, dass Bob jemals eine Gelegenheit ausließ, einem Menschen in Not zu helfen. Ich muss dies vorausschicken, weil wir als seine Mitarbeiter im Laufe der Jahre viele Bitten in seinem Namen ablehnen mussten. Wenn es aber jemand gelang, die Aufpasser zu überwinden und Bob direkt anzusprechen, lautete seine Antwort ganz natürlich: „Ja!“*

Präge der Welt deinen Stempel auf. *Bob hatte etwas von einem Einhorn, weil er von so vielen Dingen sprach, die die meisten für weit hergeholt hielten. Er sprach ganz offen über Geld und nannte es einen guten Diener, aber einen schlechten Meister. Er lehrte uns, dass Sex ein schöpferischer Drang ist, der aber auch ziemlich destruktiv wirkt, wenn man sich diese schöpferische Kraft nicht zunutze macht. Und erst Gott! In den frühen 1970ern sprach er bereits über Energie, Gott und das Geistige, als das in den Unternehmen noch längst kein Diskussionsthema war. Er ebnete den Weg für viele Redner, so wie es sein Mentor Earl Nightingale für ihn getan hatte. Er war ein Pionier!*

Gehe gut mit dir selbst um. *Ich lernte rasch, dass man vorn im Flugzeug und hinten im Auto am besten sitzt. Bob bot mir dazu die Gelegenheit, selbst in den frühen Tagen, als sein Unternehmen noch zu kämpfen hatte. Ich übernachtete in denselben Hotels wie er. Er zahlte mir keine Spesenpauschale. Wir aßen gemeinsam und er bestand jedes Mal darauf, dass ich bestellen konnte, worauf ich Appetit hatte. Das war* *mir völlig fremd. Ich glaube, manchmal bestellte er für sich mit Absicht etwas Teures, damit mein Essen im Vergleich ziemlich erbärmlich aussah, obwohl es wahrscheinlich mehr kostete, als meine ganze Familie für einen Restaurantbesuch ausgegeben hätte.*

Behandle andere so, wie du selbst behandelt werden willst. *Wir alle sehen vielleicht anders aus und verhalten uns anders, haben mehr oder weniger Geld, aber im Grunde genommen sind wir alle ziemlich gleich. Bob zu beobachten machte mir eine riesige Freude; ich lernte so viel von ihm. Ich durfte miterleben, wie er mit Menschen umging, die er kannte, und auch mit solchen, die er nicht kannte. Er war stets interessiert, freundlich und respektvoll. Wenn wir in Seminarhotels waren, hatte er die volle Kooperationsbereitschaft und den Respekt sämtlicher Mitarbeiter – Pagen, Küchenpersonal, Bedienungen, Bankettleiter und mit wem wir sonst noch zu tun hatten. Er sagte immer „bitte“ und „danke“ und nahm sich für die Menschen Zeit. Bei unseren Veranstaltungen, egal wo auf der Welt, setzte das Personal stets alles daran, ihm zu besorgen, was er wollte, und das hat meine Arbeit natürlich sehr erleichtert.*

Ein Profi gibt immer sein Bestes – ohne Wenn und Aber. *Nach diesem Motto lebte Bob. Ich erinnere mich an ein Event in Los Angeles. Er war ausverkauft und alle Plätze waren besetzt. Bob war da bereits Mitte achtzig. Als er die Stufen zur Bühne hinaufgehen wollte, stolperte er und fiel hin. Er hätte ganz leicht einen Witz machen können, um die Situation zu entkrampfen, aber er ließ es sein. Stattdessen stand er auf, sammelte seine Gedanken und machte mit seinen Folien weiter, als ob nichts passiert wäre. Das werde ich nie vergessen. Er war die personifizierte Stärke – mit Stil.*

Was ich für mich will, das wünsche ich auch anderen. *Bob fand Gefallen an schönen Dingen. Er trug maßgefertigte Anzüge,*

Schuhe und Hemden, und er hatte stets einen guten Schreibstift dabei. Er liebte das Tragegefühl, aber noch mehr mochte er es, seinen Mitarbeitern und den ihm nahestehenden Menschen dieselben Dinge zu schenken, die ihn glücklich machten. Ich glaube, unser Schneider hat für unser Verkaufsteam mehr Anzüge angefertigt als für Bob!

Kurz gesagt, Bob war so, wie er sich der Welt zeigte. *Er war nicht perfekt. Aber er lebte, was er lehrte. Er erwartete ein Leben in der Fülle und er hat es wohlwollend in Empfang genommen.*

Zum Abschluss will ich noch eine Geschichte mit dir teilen, die ich niemals vergessen werde. Wir saßen im Auto auf der Fahrt zum Fernsehstudio, wo Larry King sich mit Bob und anderen Lebenslehrern aus „The Secret" unterhalten wollte. Für mich war das eine große Sache. Ich blickte Bob an und fragte: „Bist du nervös?" Lachend gab er zurück: „An Selbstvertrauen mangelt es mir jedenfalls nicht." Und im nächsten Atemzug meinte er: „Darauf warte ich schon mein ganzes Leben." Bob erwartete immer, Großes zu erleben. Ich habe immer noch den Larry-King-Kaffeebecher, den er bei der Sendung erhielt und an mich weiterreichte. An jenem Abend war er ein Rockstar!

Bob Proctor, du hast ein außergewöhnliches Leben geführt und ich habe an jedem einzelnen Tag etwas von dir gelernt. Du fehlst mir, mein Freund.

Gina Hayden

Larry King mit meinem Dad

Nan, Dad und Linda

KAPITEL 13

DAS ENDE

Zeit zum Handeln

„Disziplin ist die Fähigkeit,
dir selbst einen Befehl zu geben
und ihn auszuführen."
– Bob Proctor

Zu Beginn dieses Buchs stellte ich dir die Frage: „Was wird in deinem Leben geschehen, wenn du dich als die beste Version deiner selbst zeigst?"

Nun ist es an der Zeit, über diese Frage erneut nachzudenken. In meinem Leben gab es große Erfolge und auch einen fairen Anteil von Misserfolgen. So weit ich zurückdenken kann, hat mich mein Vater auf Kurs gehalten. Er sagte immer zu mir: „Tu, was du heute tun kannst. Was gestern war, lässt sich nicht mehr ändern. Deine gestrigen Entscheidungen hast du auf Grundlage der Informationen getroffen, die dir in jenem Moment zur Verfügung standen. Morgen ist die Zukunft. Du hast nur das Hier und Jetzt."

Es spielt also keine Rolle, ob deine Vergangenheit eine Geschichte des Erfolgs oder des Scheiterns war. Es kommt nur darauf an, wie du dich in den Momenten verhältst, die vor dir liegen. Mach dir deine Stärken bewusst, liebe dich selbst und kreiere dir ein Vorstellungsbild davon, wo du als Person hinwillst und wie dein Beitrag in dieser Welt aussehen soll.

Immer wenn ich in meiner Jugend großen Erfolg hatte, fragte mich mein Vater im Anschluss an seine Glückwünsche gleich als Erstes: „Und was kommt jetzt?“ Das störte mich. Aus Erfolgen hat er nie eine große Sache gemacht. Stattdessen hielt er mich ständig dazu an, mich auf das Hier und Jetzt zu konzentrieren und mich neuen Zielen zuzuwenden.

Als ich später erwachsen war, begriff ich, dass mein Ego seine Anerkennung haben wollte. Er hatte Recht. Blicke und bewege dich immer nach vorn, denn mit dieser Lebenseinstellung wirst du auch große Schwierigkeiten überwinden. Geh nicht das Risiko ein, in einem einzelnen Moment des Ruhms stecken zu bleiben. Entscheide dich lieber für das Wachstum. Genieße den Moment, bestimme ein neues Ziel und sieh dich um, wo du anderen einen wertvollen Dienst erweisen kannst – richte deinen Fokus nach außen. Mache das zu deinem Lebensinhalt. Dein Wachstum hört nie auf, wenn du dich zu lebenslangem Studieren verpflichtest und in dem Bewusstsein handelst, dass du nur gewinnen kannst. Bleibe neugierig!

Dad zitierte oft Billy Graham:

„Das kleinste Päckchen in der Welt ist ein Mensch,
der sich in sich selbst eingewickelt hat.
Am erfolgreichsten sind diejenigen,
die andere Menschen wirklich wichtig nehmen.“

Damit wollte er sicherstellen, dass für mich die Hauptsache stets die Hauptsache bleibt: anderen helfen.

Es ist ebenso wichtig, das Gute um dich herum zu sehen, dir selbst dafür zu danken, wie weit du bereits gekommen bist, für dich selbst dankbar zu sein und daran zu glauben, dass du so weit kommen kannst, wie du willst.

Für das Persönlichkeitswachstum gibt es keine Ziellinie. Das Streben nach Verbesserungen hält uns energiegeladen, es hält uns lebendig und lässt uns Beachtung finden. Jeder Tag bietet eine unendliche Anzahl von Gelegenheiten und aus kleinen Schritten werden mit der Zeit bedeutende Leistungen.

Das Buch, das du gerade liest, ist hierfür ein ausgezeichnetes Beispiel. Ich habe nicht alles auf einmal geschrieben, sondern jeden Tag ein klein wenig. Diese Tage summierten sich, bis ich das Gefühl bekam, dass ich etwas Wertvolles mitzuteilen hatte.

Als mein Vater sein Buch *Erkenne den Reichtum in d*ir schrieb, stand er hierfür jeden Tag eine Stunde früher auf. Diese einstündigen Zeitabschnitte summierten sich innerhalb eines Jahres auf mehr als neun vierzigstündige Arbeitswochen.

Vor Kurzem veranstaltete Peggy McColl ein Event in Sarasota, Florida, und sie bat mich, auf der Bühne ein paar Geschichten zu erzählen. Insbesondere war sie daran interessiert, welche Lektionen ich während meiner Kindheit von meinem Vater gelernt habe.

Ich erwähne das hier, weil wir ja gerade über das Aktivwerden sprechen. Als ich auf der Bühne stand, kam etwas über meine Lippen, was ich noch nie zuvor weitergegeben hatte: „Manchmal ist es wichtiger, unperfekt zu handeln, als perfekt zu planen.“

Ich habe schon so viele Menschen gesehen, die immer nur planen und planen, aber nie ins Tun kommen. Und ich habe andere gesehen, die bereit waren, unperfekt zu handeln und Großes zu vollbringen. Das Risiko eines Fehlschlags, das ein unperfektes Handeln mit sich bringt, kann ein wunderbarer Teil des Ganzen sein. Du bist meist viel näher an den Belohnungen des Lebens, als du denkst. Du weißt es instinktiv, wenn du mit einer Idee auf dem richtigen Weg bist; du spürst es. Gefühle sind die Sprache des Unterbewusstseins. Wenn du an diesem Punkt angelangt bist, weißt du mit Sicherheit, dass du die Idee in deinem Unterbewusstsein fest verankert hast.

Bob Proctor war für seine Entschlussfreudigkeit bekannt; er unternahm sofort den ersten Schritt und plante dann, wie es weitergehen soll. Natürlich funktionierte das nicht immer, aber häufig eben doch, und zwar mit guten Ergebnissen. Er war gern bereit, zuzugeben, dass seine Misserfolge für ihn genauso wichtig waren wie seine Erfolge.

Dale Carnegie hat diese Idee wunderbar so zusammengefasst: „Untätigkeit führt zu Angst und Zweifel. Das Tun führt zu Mut und Selbstvertrauen. Wenn du die Angst besiegen willst, darfst nicht zu Hause herumsitzen und darüber nachgrübeln. Mach dich auf und tu' etwas!"

Ich hoffe, du hast in diesem Buch etwas gefunden, das dich anspricht oder einen Wunsch in dir auslöst, der dich nach neuen Höhen streben lässt.

Meine Absicht mit diesem Buch war es, dir auf eine geringe oder auch bedeutsame Weise zu einem besseren Leben zu verhelfen, aber es ist auch ein Weg für mich, den unglaublich großartigen Mann zu ehren, der mein Vater war.

Der Geist ist unsterblich. Nutze die Weisheit von Bob Proctor. Mach es so wie ich: Geh in die Stille und stelle ihm Fragen.

Bevor ich mich von dir verabschiede, will ich dir noch etwas mitgeben. Im Kapitel „Vatertag" beschrieb ich, wie wir die Urne meines Dads an ihren endgültigen Ruheplatz gebracht haben. Du kannst dir sicher denken, dass es keine leichte Aufgabe war, ein passendes Zitat für seinen Gedenkstein zu finden, das alle Zeiten überdauert. Dad liebte Zitate und war davon überzeugt, dass in ihnen eine gewaltige Bedeutung und Kraft steckt.

Aber wir fanden eines, das wirklich perfekt passt.

PROCTOR

Robert „Bob" Corlett

5. Juli 1934 - 3. Februar 2022

„Der große Nutzen des Lebens besteht darin,
es für etwas hinzugeben, das es überdauern wird."
- William James

ÜBERLEG MAL …

Was kannst du heute tun, um deinem Ziel näherzukommen?

Wenn du ernsthaft in deinem Leben etwas verändern willst, musst du aktiv werden, und sei es nur für zehn Minuten – alles summiert sich. Und wenn du dich mit dir selbst wohlfühlst, wirst du am Ende auch mehr sein, mehr tun und mehr haben. Das Universum steht bereit, dir alles zu geben, was du dir wünschst. Erhalte daher deine Anbindung ans Universum aufrecht, indem du fokussiert bleibst und täglich kleine Schritte unternimmst.

Die folgende Frage habe ich dir bereits am Anfang dieses Buchs gestellt. Ich hoffe, dass du beim Lesen dieser Seiten ernsthaft über diese Frage nachgedacht hast. Das Leben ist zu kurz, um dich nicht von deiner besten Seite zu zeigen. Und ich hoffe auch, dass dir beim Lesen dieser Seiten bewusst geworden ist, dass du zu so viel mehr fähig bist, als du dir bisher vorstellen wolltest. Aller Wandel kommt von innen, und das gilt für uns alle. Wir sind alle noch im Entstehen begriffen.

Was wird in deinem Leben geschehen,
wenn du dich als die beste Version deiner selbst zeigst?

NOTIZEN :

DANKSAGUNGEN

Zuerst und am allermeisten möchte ich meiner Frau danken, Cory Kelly Proctor. Du warst mein Fels! Du hast mich stets ermutigt, weiterzumachen – und hast Wege gefunden, um mich beim Schreiben zu unterstützen. Das weiß ich mehr zu schätzen, als ich je in Worte fassen könnte.

Du warst in der Lage, meinen Worten und meiner Botschaft Farbe und Struktur zu verleihen. Am besten kann ich das so beschreiben, dass ich das Haus erbaut habe und du es eingerichtet hast. Du hast dir hierfür Zeit genommen und das Beste aus mir herausgeholt, und das hat uns beiden etwas gegeben, auf das wir stolz sein können. Ohne dich wäre dieses Buch nicht das, was es ist.

Ich weiß, wie glücklich mein Dad war, dass wir beide uns gefunden haben. Du bereicherst mein Leben, und es bereitet mir eine immense Freude, dass ich jeden Tag mit dir verbringen darf.

Meinen beiden Kindern, Danny und Leanne: Durch eure Art und Weise, mit euren Mitmenschen umzugehen, zeigt ihr mir jeden Tag, was es heißt, in anderen ein Gefühl von Wachstum hervorzurufen. Ich bin sehr stolz auf euch beide.

Meinen beiden Stiefkindern Spencer und Emma: Ihr habt mich mit großer Liebe und Wärme in euer Leben aufgenommen, und ihr habt mich gelehrt, was es heißt, bedingungslos zu akzeptieren. Ich bin sehr dankbar, dass ich ein Teil eurer Familie werden durfte.

Meiner guten Freundin Peggy McColl: Ich danke dir für deine Führung und Unterstützung beim Verfassen dieses Buchs. Du bist die beste Freundin eines jeden Autors.

Meinem guten Freund Trace Haskin. Du hast mir geholfen, die technische Seite von allem zu bewältigen, und hast mein Buch und meine Website auf klare, angenehme Weise der Welt gegeben. Dank dir war alles ganz leicht.

Meiner Familie: Ihr seid zu viele, um euch alle namentlich zu erwähnen, aber jeder von euch war eine Inspiration für die verschiedenen Teile dieses Buchs. Ohne euch wäre ich nicht so, wie ich heute bin, und ohne euch hätte das Buch auch nicht diese Form angenommen.

Und nicht zuletzt danke ich dir – dem Leser. Ich danke dir, dass du dieses Buch gelesen hast und einen Teil deines Lebens deiner persönlichen Weiterentwicklung widmest. Dank dir haben diese Lektionen die Chance, für immer weiterzuleben und größer zu werden – und du fügst jeder einzelnen noch deine eigene, einzigartige und magische Note hinzu. Vielen Dank – und genieße den Rest dieses wundervollen Lebens!

ÜBER DEN AUTOR

Brian Proctor

Brian kam 1961 zur Welt, in dem Jahr, in welchem sein legendärer Vater Bob Proctor das Buch Denke nach und werde reich von Napoleon Hill erhielt. Damit begann die sechzig Jahre währende Reise seines Vaters durch das Reich der Persönlichkeitsentwicklung.

Fast dreißig Jahre lang hatte Brian das große Glück, an der Seite seines Vaters zu wirken, der auf den größten Bühnen der Welt seine Lehren weitergab. Sechzig Jahre lang waren beide die allerbesten Freunde.

Während der Arbeit mit seinem Vater fand Brian seine eigene Nische im Bereich Marketing und Geschäftsentwicklung. In den Anfangsjahren des Internets hatte Brian die kraftvolle Idee, eine E-Mail-Liste aufzubauen, um Bob Proctors Kunden einen immensen Mehrwert zu bieten. Daraus entwickelte sich eine riesige weltweite Plattform, auf der sein Vater seine Lehren verbreiten konnte. Diese Idee ebnete dem Unternehmen von Bob Proctor den Weg zum Erfolg, indem es schon früh mit dem Aufbau von E-Mail-Listen begann, lange bevor dies zum Industriestandard wurde.

Als Online-Vermarkter war Brian stets der Top-Affiliate bei vielen großen Produkteinführungen mit Joint Ventures, was ihm selbst und dem Unternehmen seines Vaters Millionen von Dollar an Provisionen einbrachte und vielen Unternehmern die Gelegenheit bot, ihre Produkte und Dienstleistungen erstmals einem großen Publikum vorzustellen.

Brian schreibt seinen Erfolg all den Lektionen zu, die er im Verlauf der Jahre von seinem Vater gelernt hat.

Heute geht Brian in seiner Rolle als Mitbegründer von KellyProctorCo LLC auf. Dieses von ihm gemeinsam mit seiner Frau Cory Kelly Proctor gegründete Unternehmen hat sich zum Ziel gesetzt, es den Menschen mithilfe von einfachen, aber tiefgreifenden Strategien zu ermöglichen, ihr Leben optimal zu gestalten.

Beide leben am Südende des Meeresarms Puget Sound im Bundesstaat Washington und genießen ihren Traum von einem Leben nah am Wasser und der Natur in ihrer schönsten Form.

Es ist für Brian auch weiterhin eine große Freude, Menschen wie dich zu unterstützen, damit sie ihr Leben, ihre Karriere und ihr Geschäft so gestalten können, wie sie es vorziehen. Sie lernen bei ihm, ein gutes Leben gemäß ihren eigenen Vorstellungen zu führen, und auch, wie sie gute Beziehungen, das Streben nach einem sinnvollen Tun und das Erschaffen von Wohlstand miteinander vereinen können.

Mehr über Brian Proctor und/oder seine Programme findest du auf:

www.brianproctor.com